Círculo Rojo

Mestizo, historia de un valiente

Mestizo,
historia de un valiente

GUILLERMO

Círculo Rojo
EDITORIAL

Edición revisada: marzo 2024

Depósito legal: AL 324—2024

ISBN: 978—84—1061—719—3

Impresión y producción: Editorial Círculo Rojo

Editorial Círculo Rojo

www.editorialcirculorojo.com

info@editorialcirculorojo.com

Impreso en España — Printed in Spain

Índice

Prólogo:

El ser humano ha sido protagonista de miles de aventuras, gracias a las cuales se han descubierto tierras lejanas, parajes recónditos y vivido experiencias inolvidables. Estas aventuras casi siempre contaron con un narrador, o alguien que las inmortalizó en escritos, destinados a inmortalizarlas y servir de lección para las generaciones venideras.

Los animales también viven las suyas, pero la inmensa mayoría jamás se conocerán, salvo en contados casos, como él del protagonista de esta historia. En esta ocasión, Mestizo contó con alguien que sintió la necesidad de narrar su vida y su aventura, también para inmortalizarla, también como lección para las generaciones venideras.

El deseo del autor, además de que disfrutéis de la lectura de este libro, es que aprendáis algo de Mestizo, pues, como autor del mismo, su lección de vida jamás la olvidaré.

Como me dijo un escritor amigo mío, "Tu libro es breve y se me queda corto, aunque esa ya es buena señal, pues en ningún momento es aburrido. Y también podría decir que concentra su esencia, tal y como hacen los mejores y más caros perfumes."

UNA TIERRA
DE CONTRASTES

Los últimos rayos del sol bañan esa playa que tantas veces le ha visto lamentarse, es la playa del pequeño pueblo de Ciudade Vella, en la isla de Santiago, una de las muchas que componen ese país archipiélago tan exótico y acogedor como es Cabo Verde.

Ciudade Vella es un típico pueblecito costero caboverdiano, con sus casitas bajas, con paredes de piedra vista y sus techos realizados en armazón de madera y cubierta de cañas o tejas rojas. Esta población está bañada por un océano, el Atlántico, que normalmente se muestra dócil, pero en ocasiones aparece bravo y destructor, lanzando las numerosas rocas volcánicas de su playa contra la primera línea de casitas. Estas construcciones se han ido reconvirtiendo en pequeños típicos restaurantes, donde se ofrecen algunos de los sabrosos platos de la gastronomía caboverdiana. La oferta se basa en simples, pero gustosos guisos con carne o pescado, destacando la Cachupa, un plato muy parecido al Potaje español. De entre estos restaurantes hay uno muy peculiar, no por su decoración o su comida, sino por la persona que lo dirige. Se trata de un hombre entrado en años, español, que un día decidió dejarlo todo en su

Tenerife natal, y acabó echando raíces en esta tierra. Es todo un personaje y tiene el reconocimiento de cuantos le conocen o han oído hablar de él. Su nombre es Juan, apodado el "kalandraka"[1], y sin saberlo, será uno de los personajes importantes de nuestra historia. La isla de Santiago, a pesar de lo árido de sus paisajes ribereños, tiene parajes de una naturaleza espectacular y, concretamente en Ciudade Vella, vemos que una gran parte de su población y su vida discurre por una ribera profunda y frondosa. Ese espacio está rodeado de grandes laderas de piedra que la protegen de los vientos áridos y le permiten mantener un microclima en el que abundan varias especies vegetales, destacando las esbeltas palmeras, las grandes acacias, los frondosos mangos, y otros frutales. Eso sí, de entre todos ellos, alzándose majestuosos, destacan los enormes Baobab con troncos de varios metros de diámetro.

Aunque esta ribera permanece seca la mayor parte del año, cuando llueve, un rápido torrente de agua arrastra todo cuanto queda a su alcance, dejando cierta destrucción, pero también recuperando la humedad y los acuíferos de la zona. En medio de tanta abundancia los aldeanos siembran pequeños huertos, siempre protegidos por unas artesanales vallas vegetales usadas para evitar que los cerditos y las cabras, que por allí andan sueltas, se coman las cosechas.

Por toda la ribera también se pueden observar muchas aves e incluso algún grupo familiar de los típicos monos de estas islas. Estos animales se disputan, con los habitantes de la zona, la fruta que crece salvaje en

---

1 kalandraka le viene de un chiste popular español que él no deja de repetir.

medio de tanta abundancia, llevándose casi siempre la peor parte del botín.

Se intuye una relación difícil entre la fauna salvaje y los caboverdianos, en relación con la comida disponible, pues estos últimos han padecido severas hambrunas durante ciertos momentos de su historia, y siempre mantienen un cierto miedo a volver a sufrirlas. Esta ribera también posee joyas de tiempos pasados, como lo son su iglesia y el monasterio que aparecen entre los árboles, así nos vamos adentrando en la misma. Estas y otras construcciones aledañas fueron realizadas por los españoles, que allí se establecieron en tiempos del comercio de esclavos. Alzando la vista también descubrimos una antigua fortaleza, con sólidos muros de piedra oscura y sus torres de vigilancia que, con sus viejos y pesados cañones hicieron de esta población, y su pequeña bahía, un lugar casi inexpugnable. Actualmente Ciudade Vella es tan solo un rincón turístico, pero antaño fue espacio de mercadeo de esclavos, disputas, naufragios, sangre, dolor y muerte.

Mestizo, nuestro protagonista, está en esa playa en la que se mezclan grandes y pequeñas rocas oscuras de origen volcánico, redondeadas por la erosión del mar, y arena negra. Está ahí sentado, contemplando uno de tantos y tantos atardeceres, frente a las suaves olas que mecen las rocas de la orilla.

Todo está en silencio, el horizonte se va oscureciendo y como tantas veces, lamentablemente, está totalmente vacío y despejado. Sus grandes ojos son el puro reflejo de una gran tristeza acumulada a lo largo del tiempo, de una profunda melancolía, pero a pesar de todo, él siempre intenta ver más allá de esa línea lejana e infinita, deseando volver a ver las sombras del ayer. Sombras que le traen recuerdos de un tiempo pasado en el que todo parecía más fácil y mucho más bello.

Así pues, él es Mestizo y esta es su historia.

MIS ORÍGENES

Fue hace ya unos diez años que nací, y digo diez aunque podrían ser más, porque el tiempo hace mucho que dejó de ser importante para mí. Vine al mundo junto con mis otros tres hermanos, en una casita de campo de un pueblecito cercano a Perpignan, Canet en Rousillón. Mi mamá nos tuvo en un pequeño corral, al lado de donde, los que fueron mis dueños, guardaban las herramientas y los trastos que, con los años, iban acumulando. Nuestra madre era una dulce y cariñosa perra negra con algunas manchas blancas, de tamaño mediano, pelo corto y mirada muy tierna. De su raza solo se sabía que era canina, pues en mi familia todos somos de esa raza donde los genes se mezclan, y en la que la Selección Natural ha hecho su trabajo. De mi madre lo que más recuerdo son sus ojos, pues desprendían mucho amor y fueron lo primero que vi cuando los míos se abrieron por primera vez. Fue un momento muy emocionante, como lo es para cada cachorro cuando ve al ser que le dio la vida.

Ese mismo día también conocí a los dueños de la casa. Se trataba de una pareja joven, ella alta y muy delgada, con media melena rubia y él alto y de complexión normal, quizá con cierta barriguita de la felicidad, algo de barba y con una cabeza alargada en la que lucía un escaso cabello claro, fruto de una incipiente alopecia. Ambos vinieron a vernos y noté que a mi madre le alegró verlos, movió su cola con rapidez, con lo cual deduje que había llegado al mundo en una casa donde seríamos queridos.

Pasamos los primeros días de nuestra existencia en el interior de un cajón grande de madera, con un lecho de paja que nos pareció perfecto para dormir largas horas entre toma y toma de leche materna. Los cuatro queríamos salir a jugar fuera, pero aun éramos pequeños para superar las paredes de ese cajón, con lo que la resignación nos mantuvo tranquilos. Creo que meternos allí fue una decisión acertada, pues mis hermanos y yo fuimos cachorros bastante juguetones, y en el corral donde estábamos podían surgir demasiados peligros para nosotros. Al poco de nacer también nos pusieron nombre. El más grande de mis hermanos sería Atila, pues era el más movido y más salvaje, a los otros dos Robin y Coco, y a mí, en honor a la raza de mi madre, me llamaron Mestizo.

Conforme pasaban los días y las semanas fuimos creciendo, y por fin pudimos saltar fuera de ese cajón para empezar a descubrir el mundo, y ampliar nuestro territorio de juegos.

Así fue como me encontré con otras criaturas, como la gata de nuestros vecinos que, para saciar su curiosidad, solía venir a vernos a nuestro cajón desde lo alto de una estantería. Más adelante descubrí que los gatos son animales muy curiosos a los que es difícil poner límites.

Y, por supuesto, la valla de nuestro jardín nunca supuso un problema para la gata Misha.

Cuando llegué a los dos meses de vida, así sin avisar, mis dueños decidieron que yo tenía que irme de casa, y me regalaron a una pareja de amigos suyos que habían venido varias veces a vernos. Debí sospechar algo porque, cada vez que me veían de visita, yo era el único al que cogían en brazos y acurrucaban. Ese día se quedó grabado en mi mente, ya que no entendí porqué me tenían que llevar lejos de mi familia, y me dio muchísima pena ver a mi mamá despedirse de mí con su dulce mirada. Recuerdo que ladré con todas mis fuerzas, pero no sirvió de nada, y solo me calmé un poco cuando mi madre me lanzó un ladrido que yo entendí como un, "ten mucha suerte mi niño". Y esa fue su dulce y tierna forma de desearme lo mejor.

A todo eso, mis hermanos no entendían nada y creo que, tan pronto me fui, siguieron con sus juegos como si tal cosa. Resulta que es algo natural que los hijos, llegados a una edad, hagan su propia vida, pero quizá yo hubiera preferido quedarme un poquito más junto a mi mamá.

Andamos muy poco tiempo, bueno, mejor dicho, anduvieron, pues yo iba constantemente en brazos, como si fuera un príncipe de camino a su palacio, y llegamos a una casa con grandes paredes blancas, ventanas de madera muy bien conservadas y techo de tejas de barro. Esta bonita casa estaba rodeada de un pequeño jardín con una vegetación tan ordenada como colorista. Toda ella se intuía que había sufrido una gran remodelación, pero mantenía el estilo de las casas más pintorescas que se pueden encontrar por el litoral del sur de Francia.

Allí me llevaron a la sala principal donde se encontraba un gran sofá, una pequeña chimenea que nunca vi usar y muebles de diversos estilos, aunque lo que más atrajo mi mirada fue un grueso cojín situado al lado de un gran radiador de esos antiguos, fabricado en hierro forjado. Pudo ser intuición o que me leyeran el pensamiento, pero en un momento me vi sentado en ese mullido cojín y pude entender que ese iba a ser mi sitio para dormir. Incautos, ¿cuándo aprenderán que un perro duerme donde le da la gana?

Si bien me acomodé allí, no tardé en investigar otras ubicaciones en mi nuevo hogar. Y así fue, pues aprovechando que mis nuevos dueños no estaban en casa, a menudo disfruté de la comodidad del sofá, de su cama y de una alfombra en la que daba gusto frotarse. Eso sucedía casi cada vez que me quedaba solo y, curiosamente, mis dueños siempre se enteraban de mis travesuras. Lo que no supe nunca fue cómo pudieron saber los sitios por donde pasé. Quizá mis huellas o el rastro de mis pelos me delataban, pero salvo una leve regañina, nunca sufrí peores consecuencias por mis juegos.

Visto lo visto puedo decir que me sentía querido y que mis dueños miraban por mí. Por cierto, aun no os dije como son ellos. Ella tiene aires de artista, creo que pinta cuadros porque su ropa suele tener manchas de todos los colores y tenemos la casa llena de los mismos. Los hay por las paredes, incluso amontonados por los pasillos y encima de algunos armarios. Ella no es muy alta, piel morena y con cabellos lacios que peina varias veces al día. Él es muy delgado, pero a la vez fuerte, también moreno y con el pelo cortado a estilo militar. También sé que trabaja en el puerto de Plaisance, cercano a Canet en Rousillon, además descubrí que tiene allí su verdadera pasión, un velero de 45 pies, muy personalizado, equipado con todo detalle y con muchas millas bajo su quilla.

Durante los largos meses de mi primer invierno crecí viendo las frías tormentas desde la ventana de casa, asustándome mucho con los truenos, pero calentito y, en ocasiones, cuando me veían más temeroso, me sentaban en el regazo de alguno de mis dueños. Los paseos en esa época del año se hacen cortos y, la verdad, nunca me gustó mojarme bajo la lluvia. Otra cosa fue cuando llegó la primavera y el verano, con esas visitas a la playa, cuando me pasaba las horas disfrutando, entrando y saliendo del mar. Os tengo que confesar que la primera vez que me bañé en el mar, al probar el agua con mi lengua, me llevé una desagradable sorpresa. Yo, que estaba acostumbrado a beber el agua en casa o en los charcos, cosa que no gustaba a mis amos, cuando probé el agua del mar. !!!Estaba salada!!! Ahora sabía que en el mar hay que tener la boca cerrada si no quieres padecer una buena diarrea. ¡¡¡Jajajaja!!!

Hasta ese momento los paseos en la playa eran siempre así, pero un día mis dueños decidieron llevarme con ellos a una de sus salidas en su velero. De camino al puerto me sentí muy emocionado y dispuesto a disfrutar de esa nueva experiencia, pero mis primeros pasos a bordo fueron torpes, pues no paraba de resbalar en ese suelo blanco, tan liso, tan húmedo, aunque pronto empecé a controlar esos patinazos que tanta gracia hacían a mis dueños. Esos momentos de novato no me hicieron sentirme mal, pues hasta el más experimentado de los marineros ha resbalado en cubierta. Lo que no se si tanto como yo, pero todos lo han hecho.

De repente ya estaba todo listo para zarpar, soltamos amarras y el barco, que parado ya se movía un poco, empezó a moverse más y más. Yo no sé cómo salí airoso de esa primera experiencia, pero lo que si se es que conté los minutos hasta que volvimos a puerto. Por otro lado, a pesar de todo, nunca mostré miedo y eso parece ser que gustó mucho a mis dueños. Llegado a casa me dieron de comer, pero yo ni probé bocado, tenía una rarísima sensación en mis tripas, algo desconocido que me impedía comer nada. Lo que sí recuerdo muy bien es que esa noche, por el agotamiento, dormí tan profundamente como en mis tiempos de cachorro, sin despertarme para nada.

Después de esa salida en barco vinieron otras más largas, todas diferentes, todas emocionantes, hasta que se agotaron todos los días de sol, de calor y de tranquilidad. Entonces volvió la rutina del otoño y el invierno, hasta que de nuevo la primavera se volvía a mostrar con todo su esplendor, haciendo que la vida resurgiera por doquier. Siempre recordaré que, con el buen tiempo, también empezaban a aparecer unos diminutos y molestos seres voladores, les llaman mosquitos y me acompañarían durante el resto de mi vida, sobre todo cuando acabé en esa playa de Ciudade Vella, la que describí al inicio de este relato. Los mosquitos son horribles y junto con las moscas, son un incordio para mí y, parece ser, que también para el resto de criaturas, incluidos mis dueños.

Yo empecé a disfrutar mucho del barco y, por suerte, resulta que, como mi dueña pintaba cuando quería o le llegaba la inspiración, podíamos disfrutar de muchos días ociosos y las salidas en barco se convirtieron en una rutina. Ya fuera por espacio de un par de horas o de todo el día, siempre había una excusa para salir a navegar y yo lo agradecía mucho. Siempre he creído que, las personas que no descubren y conocen bien el mar, se están perdiendo disfrutar de algo muy especial.

Recuerdo con especial cariño las veces que, en medio del mar, nos encontrábamos con unas criaturas simpáticas y graciosas que se empeñaban en seguir nuestro rumbo y en jugar con las olas que procedían de nuestras amuras. Los delfines aparecían, a veces en grupos de dos o tres individuos y en otras ocasiones en manadas formadas por grandes familias. Siempre surgían repentinamente y empezaban a saltar frente a nuestra proa. También les gustaba mucho girar sobre sí mismos, con la misma gracia y el arte de un bailarín clásico, como si una sinfonía musical guiara sus movimientos de pirueta en pirueta. Yo me situaba en la proa del barco y me quedaba embelesado mirándolos, intentando interactuar con ellos, incluso les ladraba con la esperanza de que me contestaran, aunque nunca hizo falta, porque sin hablarme entendí que jugaban para mí, para compartir el placer de nadar y navegar por las cristalinas aguas del Mediterráneo.

Ya cumplidos los tres años, durante ese verano mis dueños organizaron una de las muchas salidas de las que disfrutábamos a bordo de nuestro velero. Esa jornada no era como las demás, ya que algunas nubes amenazaban con ocultar el brillante sol con el que amaneció el día. Ya nos había pasado otras veces que, aunque empezábamos a navegar en medio de un mar de nubes, el calor siempre acababa por despejarlas para dejar lucir al sol en su plenitud, con lo que mis dueños pensaron que esta sería una ocasión similar, pero yo algo sentía que no había sentido antes. Creo que es ese instinto que tenemos los animales para anticiparnos a ciertas catástrofes o al mal tiempo. Zarpamos poniendo rumbo hacía el horizonte y no tardó en aparecer un viento fresco, con un fuerte olor a humedad y a lluvia. De eso nos dimos cuenta todos a bordo, pero seguimos adelante pues el patrón decidió que un poco de agua no iba a frustrarnos el día. Como solía decir él

— "No hay que tener miedo al agua pues no estamos hechos de azúcar".

Lo que no podía imaginar es qué si el agua es mucha, el viento es muy fuerte y el mar se pone bravo, ya no es cuestión de ser o no ser de azúcar, es cuestión de empezar a correr peligros innecesarios. Y así fue, a poco que empezó el viento a soplar, unas pequeñísimas gotas empezaron a mojar la cubierta y un frio gélido nos envolvió, por lo que rápidamente hubo que abrigarse. Si, y digo eso porque yo también tenía un traje hecho especial para perros, con un pequeño flotador en mi espalda, por si durante una tormenta caía al agua, ya que nunca hay que descuidar la seguridad de todos a bordo.

Siguiendo con los acontecimientos sentimos que el viento, que empezó en unos tímidos 10 nudos, en pocos minutos pasó a soplar a 25 nudos y subiendo. Las gotitas de agua se convirtieron en gotas enormes, en un chaparrón y las olas empezaron a ganar altura, primero medio metro y pronto alcanzando casi los dos metros de altura. Yo no me tenía en pie, así que apoyé mi pecho contra la cubierta en la bañera del barco, y mantuve mis ojos cerrados, abriéndolos solo para comprobar que todos seguíamos a bordo. La proa cabeceaba y el patrón a duras penas lograba mantener el rumbo. Nos azotaron olas que barrieron la cubierta y nos mojaron como si nos hubiéramos zambullido en el mismo mar, el ruido del viento pasando entre la jarcia del barco producía un silbido tan agudo como tenebroso.

Creo que hasta entonces nunca había pasado tanto miedo, pero el ver a mi dueño con esa seguridad al timón me tranquilizaba bastante. Durante más de media hora estuvimos a merced de ese mar y ese viento, y los minutos nos parecieron horas, pero de repente, tan rápido como llegó esa tormenta, se fue. Son sorprendentes los enormes cambios que se pueden presentar en los días estivales, cuando ciertas circunstancias climatológicas convergen en un momento dado. De repente el viento amainó, el mar empezó a bajar de intensidad y el sol volvió a brillar en el cielo. Aun así, el cansancio del debatir con esa tormenta nos dejó agotados, y más pronto que tarde encontramos un lugar donde fondear para tomarnos un respiro. Al final ese día acabó bastante bien, para lo difícil y mal que se había presentado.

EL GRAN VIAJE

Al año siguiente vi en casa un movimiento por el que intuí que mis dueños se estaban preparando para algo muy especial. Supe después que un gran viaje se estaba organizando y que pintaba a una gran aventura en tierras lejanas. Luego mi intuición se confirmó cuando mis dueños hablaron de cruzar el Atlántico en un gran viaje que nos ocuparía más de tres meses.

Los preparativos duraron cerca de seis semanas. En ese tiempo, además acumular los pertrechos necesarios, y de conseguir la información necesaria para un viaje así, mis dueños contactaron con un buen amigo que iba a cuidar de nuestra casa. Se iba a instalar aquí durante esos meses y aprovecharía para pintar en la soledad de nuestro hogar. Resulta que compartía con mi dueña la misma afición por la pintura, aunque viendo algunos de sus cuadros, nunca entendí que unas rayas sin orden y manchas de colores pudieran tener algún valor artístico, pero claro, yo soy un perro y que voy yo a entender de pintura abstracta.

Así llegó el día y ahí estábamos, en el puerto, con un montón de bolsas, unas con comida, otras con bebidas, ropa, medicinas y algunas cajas pequeñas con libros, cartas y un tablero de ajedrez, por supuesto magnético, además llevábamos herramientas y recambios de todo tipo y algunos aparatos que nunca supe para que servían.

Inicialmente íbamos a costear por el litoral Mediterráneo, pasando por la Costa Brava, Barcelona, haciendo un largo hasta la Manga del Mar Menor y recalando finalmente en el puerto de la Garrucha, muy cerca de la reserva del Cabo de Gata. Y así fue como el día previsto zarpamos con un tiempo magnífico, en medio de un mar de suave oleaje y un viento portante muy favorable que nos empujaba a unos buenos 7 u 8 nudos. Yo iba en proa, esperando ver a mis amigos los delfines y no tardaron en aparecer. No sé si siempre fueron los mismos, pero seguramente alguno me reconocía pues, cuando nadaban de costado, la mirada de alguno de ellos se cruzaba con la mía en un gesto tan cariñoso como inexplicable.

Tardamos cerca de 5 días en llegar a La Garrucha y fuimos directos hacia ese destino pues necesitábamos llegar a tiempo para coger los Alisos, ese viento de componente NE que sopla constante durante ciertos meses del año y que es utilizado, desde tiempos de Colón, para alcanzar las costas del continente americano. Allí paramos lo justo para repostar víveres y combustible y, apenas tuve tiempo para estirar las patas en tierra firme, así que enseguida volvimos a zarpar con destino al estrecho de Gibraltar para después adentrarnos en el océano Atlántico.

Recuerdo las noches navegando, algunas veces a vela, pero otras en las que el viento no era el suficiente para ello, lo hacíamos apoyándonos en la fuerza del motor, que tampoco iba mal encenderlo, pues así recargábamos las baterías que mantenían los equipos electrónicos en marcha y la comida fresca en la nevera.

Yo me pasaba muchas horas en vela, acompañando a quien estuviera de guardia, aunque reconozco que más de una vez me quedaba dormido mientras mis sueños me devolvían a mis inicios, al recuerdo de mi mamá, preguntándome que habría sido de ella y de mis hermanos. Me gustaba imaginar que ahora sería una dulce ancianita, que alguno de mis hermanos cuidaría de ella y que, a pesar de no haberla vuelto a ver, ella seguiría acordándose de mí. En algunos momentos alzaba mi mirada a ese cielo estrellado y tenía la esperanza de que, en ese mismo instante, ella estuviera haciendo lo mismo y ambos contempláramos las mismas estrellas.

Realmente durante una travesía así hay muchas horas en las que no hay nada que hacer, donde la mente no para de pensar en muchas cosas, donde no para de soñar.

La tarde en la que nos adentrábamos en el estrecho de Gibraltar me quedé de piedra. Me dije a mi mismo, cuantos barcos juntos, mejor dicho !!!!Cuántos enormes barcos juntos!!!

El paso del estrecho es una autopista en el mar, con sus ambos sentidos de marcha, con sus reglas particulares y, con un barco como el nuestro, cruzarlo en medio de ese tráfico ya era una aventura en sí misma. Que noche nos esperaba, luces por todas partes, bocinas, y las estelas provocadas por algún gran barco que, inesperadamente, nos sacudían. Acostumbrado a otro tipo de tráfico eso me pareció un auténtico caos. Nadie pegó ojo a bordo en toda la noche. Nos pasamos todo el tiempo controlando todo aquel movimiento de barcos en marcha o fondeados, pero por fin, al amanecer ya estábamos dejando atrás el estrecho y el océano Atlántico nos daba la bienvenida.

Los días a bordo eran bastante rutinarios, yo intentaba moverme con cuidado, pero moverme, porque había veces que mis patas me dolían por la falta de ejercicio. Mi problema era a la hora de "ir al baño", pues, evidentemente, no tenía ningún árbol cerca donde levantar la pata, así que me acostumbré a hacerlo en uno de los costados del mástil. Después alguno de mis dueños, cubo de agua de mar en mano, dejaba todo limpio hasta el próximo uso. Lo más difícil fue lo de evacuar, eso lo hacía en cubierta donde más estable pudiera sentirme y una pequeña pala y otro cubo de agua volvían todo a su estado de limpieza original. Eso sí, alguna vez, estando en posición de "soltar lastre", alguna ola me desestabilizó y me lo puso aún más complicado. Por suerte nunca caí encima de uno de mis "premios"… ¡¡¡menos mal!!!

Mis dueños mataban el tiempo como podían, cuando no estaban realizando las labores necesarias a bordo, estaban pescando, cocinando, jugando a las cartas, al ajedrez o leyendo durante largas horas. Aunque, siempre buscando la sombra para no quemarse la piel. El sol del sur del Mediterráneo, siendo más fuerte que en el norte, y ahora el Atlántico, les estaba dejando la piel de un tono rojizo que les causaba muchas molestias. Era gracioso porque, a poco que se notaban la piel irritada, se untaban crema hasta parecer pastelitos de nata. A mí, para refrescarme, me lanzaban algún cubo de agua de mar y, para después quitarme los restos de sal, usaban un poco de agua dulce de nuestro depósito de reserva.

Es curioso descubrir cómo se asea uno en un barco durante una larga travesía. La ducha se inicia con un cubo de agua salada, después te enjabonas el cuerpo y se aclara el jabón con otros cubos de agua salada, para finalizar se usa un solo litro de agua dulce para arrastrar los restos de agua salada y así quedarnos limpios y aseados. Con la vajilla se procedía de igual forma, siempre con la intención de conservar la reserva de agua dulce durante el mayor tiempo posible. Es lógica esta forma de proceder, pues el agua dulce a bordo es un bien muy escaso y en ocasiones, durante los viajes transoceánicos, de tener a no tener una buena reserva, ha supuesto incluso, la diferencia entre la vida y la muerte para más de una tripulación. Por eso su uso racional es vital para evitar mayores problemas.

Tal y como hacen muchos navegantes durante las travesías más largas, en la popa de nuestro barco teníamos dispuesta, durante todo el día, una caña de pescar fija. El motivo era el poder capturar algún pez, y así mantener una reserva de pescado fresco para ir variando la dieta que se basaba en arroz, pasta, legumbres, patatas, latas de conservas variadas, algunas verduras y la fruta que se lograba mantener en buen estado. En mi caso yo disponía de pienso y algo de pescado, y con eso iba tirando.

Por suerte casi cada día había alguna captura, por lo general de algún bonito o dorado de tamaño medio. Se usaban cebos pequeños porque no queríamos capturar nada más grande que eso, ya que el espacio de nuestras neveras era reducido y desperdiciar la carne que nos ofrece un pez sería un despropósito ante el sacrificio del animal, y las personas que pasan hambre en el mundo. Siempre intentábamos que no sobrara nada de comida y que se hiciera el máximo de aprovechamiento de la misma.

Un día, mientras navegábamos por aguas cercanas a las costas marroquíes, el viento se detuvo casi por completo. No era algo frecuente en esa zona, pero sabíamos que algunas veces nos podríamos encontrar calmas y eso implicaba tener que poner en marcha el motor. Al patrón no le hacía mucha gracia por el gasto extra de combustible, pero esta vez antes de arrancar la máquina, y por el calor y la humedad que padecíamos, mis dueños aprovecharon para darse un chapuzón. Yo también me iba a lanzar, pero no lo hice porque mi instinto me decía que algo no estaba sucediendo como siempre y me asusté cuando vi que…

!!!No habían puesto la escalera de baño en la popa del barco!!!

Según algunas historias, que los marineros transmiten de boca en boca, algunas tripulaciones de veleros de cierta antigüedad, inconscientemente se han lanzado al agua sin bajar la escalera de baño, y sin quedar nadie a bordo. Es en ese momento cuando el drama empieza, porque se dan cuenta de que es imposible subir a bordo y que, irremediablemente, todos se irán ahogando uno por uno.

Inconscientes del peligro, mis dueños me animaban a lanzarme con ellos al agua, pero yo no quería, estaba inquieto por lo que sabía, pero no veía cómo hacerme entender, ni cómo solucionar el problema. Ladré insistentemente desde la popa, me movía de aquí para allá, pero era inútil, ellos seguían nadando alrededor del barco y no se percataban de la situación. De repente ella quiso salir del agua y se horrorizó al ver que no podía subir a cubierta, porque se olvidaron de poner la escalera. Entre gritos y aspavientos llamó la atención de su pareja que estaba nadando a cierta distancia del barco, y al darse cuenta de su desesperación, él vino lo más rápido posible, descubriendo la trágica situación, y entendiendo lo que podría llegar a suceder.

Entonces yo volví a la popa, intentando ayudar, pero no sabía de qué manera. Un perro es capaz de casi todo, pero este problema me pareció el "casi" que era incapaz de resolver.

En ese momento el patrón me miró y me gritó.

—"**Mestizo, muerde y estira el cabo blanco que cuelga de la barandilla**".

Yo no entendía nada, pero me señaló uno de los muchos cabos que lleva el barco y pensé que eso era lo que necesitaban. Con mis dientes atrapé la punta del que colgaba de la barandilla, pues era el que estaba más cercano a la escalera, y estiré con fuerza. Cuando ya lo tuve suelto me acerqué al borde de la popa y dejé caer ese pedazo de cabo que mi dueño pudo atrapar. !!! Perfecto!!! Ese cabo resulta que era el que, mediante un lazo, retenía la escalera y de repente esta cayó al agua. Entonces, sin perder un instante, ambos subieron a bordo.

Subieron enseguida y ella, entre lloros, me abrazó fuertemente, con un sentimiento como el que tenía mi mamá conmigo, me besó muchas veces y él también se me abalanzó para darme un fuerte e interminable abrazo. Así estuvimos durante un buen rato, en silencio, abrazados entre ellos y abrazándome a mí también. Ese momento me llegó al corazón, pues me sentía parte de la familia, por fin sentí realmente que era parte de esta manada, fue como si dejara muy atrás mi vida de simple mascota. Nunca había sentido tanto agradecimiento por parte de ninguna persona, y esa noche me dieron un gran pedazo de carne, que previamente descongelaron y cocinaron para mí. Me sentí muy especial, pero lo que más feliz me hizo fue ver sanos y salvos a mis dueños. Esa fue una experiencia que creo que ninguno de los tres olvidaríamos jamás.

Después de varios días viendo tierra allá a lo lejos, por el costado de babor, en un precioso amanecer, una vez haber virado unos grados a estribor, y habiendo navegado durante varias horas, empezamos a ver tierra por proa. Era la isla de Fuerteventura. Nos habíamos alejado de la costa marroquí para recalar en esa preciosa isla del archipiélago Canario. Ya hacía tiempo que pusimos rumbo al Puerto del Rosario y a media mañana ya estábamos entrando por su bocana. La verdad es que a todos nos fue de maravilla bajar a tierra. Yo me di unas carreras por el muelle nada más poner las patas en él. Estaba contentísimo y por fin levantaba la pata sin temer a caerme al suelo. Es raro, pero cuando llevas tanto tiempo embarcado, al descender a tierra sigues, durante unas cuantas horas, con esa sensación de movimiento que tenías en el barco. Parece que todo se mueve un poco y estás como medio mareado. Mis dueños estaban también felices pues, hasta el momento, el barco se estaba portando muy bien y se habían solucionado todos los problemas que surgieron durante la navegación. Por eso, salvo el incidente de la escalera de baño, que fue lo peor, y la consiguiente lección, todo lo demás habían sido experiencias dignas de un gran viaje de placer.

En Puerto del Rosario pasamos dos noches. Durante el día era tiempo de hacer pequeñas reparaciones, limpieza a fondo de la cubierta, ordenar camarotes y otras estancias, repostar agua y combustible, y llenar la despensa para otra buena etapa de nuestra travesía. Por la noche me quedaba yo de guardia en el barco mientras la pareja iba a cenar a un pequeño restaurante de pescadores que les habían recomendado. Yo me tomaba muy en serio esa tarea y, hasta que no volvían a bordo, no pegaba ojo. Al fin y al cabo tampoco tenía mucho más que hacer.

Durante la segunda noche, estando en mi puesto de guardia, observé acercarse una sombra por el muelle que me resultaba familiar, aunque de lejos no podía verla bien. De repente esa sombra se convirtió en una de mi especie. Era una perrita mediana, de mí mismo tamaño, pero con el pelo rizado, de color blanco y algunas manchas marrones. Creo que era una mezcla de perro de aguas, foxterrier y algo más, vamos, otra mestiza como yo. Nos miramos con curiosidad e hicimos por acercarnos, previamente alzando nuestros hocicos con el fin de reconocer el olor de ambos.

En un principio sabía que debía mantener mí puesto de guardia, pero el instinto pudo más que mí deber y no tardé mucho en dar un salto fuera del barco, para acabar junto a ella en el muelle. Nos miramos ahora más de cerca y nos frotamos el lomo uno contra la otra, ya que eso es algo que hacen los perros, cuando se sienten a gusto entre ellos. Ella empezó a olisquearme de manera especial y me sorprendí mucho, pues esa forma era algo que hacían mi mamá o mis hermanos, pero que nunca me hizo ningún otro perro. Yo, para no quedar mal, hice lo mismo. Olí su lomo, sus orejas y detrás de su cola y ya sabía que esos olores no se me olvidarían jamás. Por eso creo que, por mucho tiempo que pasara, usando tan solo la nariz, reconocería a mi mamá o mis hermanos en medio de más de mil perros.

Ya que estaba en el muelle, sin alejarme del barco y de mí "guardia", empezamos a jugar la misteriosa desconocida y yo. No sé qué me pasaba, pero me iba emocionando cada vez más. En ese juego corríamos, saltábamos, nos mordíamos suavemente, y no parábamos hasta que alguno caía en el suelo. Qué bien, estaba haciendo una amiga muy especial, pero me preguntaba, ¿Cuánto va a durar esta amistad?, pues pronto nos íbamos a marchar de allí. Entonces decidí no pensar más, y me centré en disfrutar el momento. Creo que eso les pasa a muchas criaturas, que por pensar tanto las cosas, se olvidan de disfrutar los buenos momentos que la vida les pone ante sí. Un buen rato más tarde, aparecieron mis dueños y se acabó la fiesta. La perrita me miró dulcemente y se alejó poco a poco de nuestro barco, mientras nosotros subíamos a bordo para pasar la noche. Creo que jamás la olvidaré y espero que un día el viento, el mar y las corrientes nos traigan de nuevo a esta bonita tierra para volverla a ver.

A la mañana siguiente, después de que los primeros rayos de sol secaran la cubierta del barco del rocío de la noche, soltamos amarras y enfilamos la bocana del puerto. Yo me situé donde más me gusta navegar, en proa, cual vigía, con la mirada fija en el horizonte, tratando de imaginar que nuevas aventuras nos tocaran vivir. Ya estábamos a pocos metros de abandonar el puerto, cuando en ese momento escuché un ladrido. Giré mi cabeza y allí estaba ella, subida a una roca, en la punta del espigón. No sé si intuyó que me iba o, simplemente estaba allí por casualidad, pero siempre quise creer lo primero. Yo le ladré varias veces y ella daba respuesta a cada uno de mis emocionados ladridos, pero al irnos alejando, nos quedamos en silencio, sin dejar de mirarnos. En poco tiempo más, ella se acabó convirtiendo en un punto lejano, en una sombra, en el silencio de un bonito recuerdo.

Me quedé triste, no sé exactamente porque, pues la había conocido hacía solo unas horas y apenas jugamos un rato, pero creo que hay criaturas en este mundo que no necesitas tratar durante mucho tiempo, para darte cuenta que siempre serán muy especiales para ti. Incluso ahora, cuando son tantos los años que pesan sobre mi cuerpo y mis recuerdos, jamás pasa un día que no acudan a mi memoria su mirada, el tacto de su piel mientras jugábamos, y esa mezcla de alegría y emoción que sentí a su lado. Parece ser que la vida es eso, un montón de buenos recuerdos que, a pesar de los malos momentos, jamás podemos olvidar.

Pasaron varios días sin pena ni gloria. Eso simplemente quería decir que íbamos manteniendo las rutinas y no surgían problemas destacables. Nos cruzábamos con algunos grandes barcos que, en ocasiones, nos saludaban con sus tremendas bocinas. Algunos tenían formas muy raras, pero eso se debía al tipo de carga que transportaban. Yo me pasaba horas tumbado en la bañera del barco, al lado del timón, atento a cualquier ruido que no fuera el constante chapoteo de las olas en las amuras del casco. Cuando estás en una situación así el tiempo se mide por los momentos en los que haces las rutinas habituales, digamos por los intervalos en los que se hace un alto para comer.

El tiempo pasa tan tediosamente que es fácil desconectar, hasta el punto que se llegan a producir desfases, y ni siquiera las horas habituales para comer, están bien situadas en el tiempo. Mis dueños leían mucho, y era una lástima que los perros no supiéramos leer para aprender más cosas, aunque creo que, en nuestros instintos naturales tenemos conocimientos suficientes para cumplir con el mayor de nuestros retos, el de sobrevivir.

DESTINO, CABO VERDE

Ya ni recuerdo cuantos días pasaron, siempre navegando hacia el Sur, pero llegó un momento en el que, por nuestra proa, divisamos tierra. Se trataba del norte de la isla de Sal. Por fin habíamos llegado a la siguiente recalada de nuestra travesía, el archipiélago de Cabo Verde. Desde el barco se veía como una tierra seca, inhóspita, de escaso relieve, con playas de arena blanca y aguas cálidas de color turquesa. Las olas rompían en algunos arrecifes cercanos y era prudente no acercarse mucho a esas zonas de la costa, pues se han documentado numerosos naufragios durante toda la historia de esas islas. Tan pronto como nos fuimos acercando a la costa, empezamos a sentir el calor que desprenden los paisajes áridos y la humedad del océano tendía a desaparecer, por lo menos durante las horas del día.

Fuimos costeando por esa isla, de forma alargada y no muy ancha, a unos buenos 9 nudos, ya que los Alisos se incrementaron por el aumento de la temperatura del agua, debido a la cercanía de la costa. A lo lejos vimos algún cayuco artesanal de pesca que, con aparejos bastante rudimentarios, parecía que capturaban pescado con relativa abundancia. Creo que, al no haber una presión excesiva sobre el caladero de estas islas, aun pueden mantener un buen equilibrio con la naturaleza, y la pesca así parece inagotable. Esto es algo que hace décadas ya no sucede en el Mediterráneo que dejamos atrás, donde los grandes pesqueros industriales están liquidando los recursos y ya veremos lo que les quedará a las generaciones venideras.

Llegando a la punta sur de la isla de Sal pasamos muy cerca de uno de esos cayucos. Lo tripulaban cuatro hombres jóvenes, uno de ellos no creo que pasara de los quince años, iban vestidos con camisetas y pantalones cortos, eso sí, todas las prendas estaban sucias y hechas jirones, uno llevaba sombrero de paja, los otros un pañuelo para el sol, y a pesar de la dureza de su trabajo, todos parecían gozar de buena salud y sus cuerpos eran fuertes y curtidos. Nos saludaron y nos ofrecieron comprar algo de su pescado, pero por nuestra velocidad y porque nuestras neveras ya iban bien provistas de las capturas realizadas durante nuestro viaje, les devolvimos el saludo, pero no paramos a comprarles nada. Así que nos fuimos alejando y ellos siguieron con su trabajo.

Siguiendo la ruta hacia el sur, a las pocas horas, nos encontramos con otra isla. Esta vez se trataba de Boa Vista, quizá la más plana de todo Cabo Verde. Esta se asemejaba a un gran plato de arena, rodeado de aguas cristalinas, donde tan solo destacaba un pequeño relieve que no supera los 300 m. de altura. Aquí decidimos hacer un alto en el pequeño puerto, o más bien espigón de la capital Sal Rei. Una vez situados frente a la costa y después de dejar el islote del mismo nombre a nuestro estribor, fondeamos sobre un lecho de arena fina, a una sonda de 9 metros, pero que nos parecían muchos menos por la extrema claridad del agua, que hacía que el fondo se viera perfectamente. Arriamos nuestro bote llevando con nosotros la documentación, alguna bolsa para compras y muchas ganas de pisar tierra firme.

Una vez en tierra preguntamos por aduanas y en seguida nos atendieron muy cordialmente. Yo tuve que esperar fuera, pues en seguida vi que en este país a los perros no se les tiene demasiada consideración. Atado a una farola estaba cuando se me acercaron otros de mi especie, muy curiosos y a la vez temerosos, supongo que porque que no solían ver muchos perros viajeros por allí. Eso sí, una vez nos reconocimos como solemos hacer los perros, o sea, por la nariz y el trasero, se alejaron con total indiferencia, creo que no estaban muy impresionados, o que su carácter era tan tranquilo y relajado, como el de todo habitante de islas tan lejanas y medio despobladas como esta. Y es que allí parecía que el tiempo se había detenido.

La gente paseaba medio arrastrando los pies, sin prisa, evitando levantar la mirada por el fuerte sol tropical. Solo despegaban los labios y alzaban la mirada cuando se cruzaban por la calle con otros transeúntes para saludarse, sin mucho entusiasmo y con una calma envidiable, como el devenir de todo lo que pasaba por allí. Qué diferencia con Europa, donde todo sucede tan rápido, donde cada cual va a lo suyo sin reparar en los demás, y donde parece que siempre algo o alguien nos persigue, tratando constantemente de acelerar para ir más deprisa que los demás.

Yo ya estaba un poco cansado de esperar, cuando aparecieron mis dueños con todos los tediosos trámites aduaneros ya realizados. Entonces fue el momento de disfrutar de una comida en la terraza de uno de los pocos restaurantes que vimos, eso sí, siempre a la sombra, pues un sol abrasador golpeaba con fuerza sobre los adoquines del camino. A mí me dejaron tumbarme bajo la mesa, junto a un cazo de agua fresca que amablemente me puso un camarero muy simpático, que lucía una blanca y permanente sonrisa. Entonces descubrí que mi primera impresión fue errónea, pues me di cuenta de que si existen caboverdianos a los que les gustan los perros.

La comida tardó un poco, pero cuando llegó a la mesa, vi disfrutar mucho a mis dueños de un guiso de pescado fresco que olía mejor que sabía. Por suerte, de vez en cuando, me iba llegando a mí también algo que mis dueños dejaban caer al suelo. En medio de ese ágape apareció nuestro simpático camarero y me ofreció un buen trozo de carne que se había dejado en el plato algún turista que, empujado por la gula, había pedido más comida de la que podía ingerir.

Yo, en señal de aprobación y agradecimiento, sacudí con energía mi cola y disfruté mucho de mi propio menú. Creo que mis dueños también sintieron que gozaba de ese momento, y me dedicaron una sonrisa como diciendo "has tenido mucha suerte". Hay que recordar que los perros somos carnívoros y, aunque el pienso no está mal, no hay nada como un pedazo de carne con el que relamernos el hocico.

Como resulta que nos habían avisado que se avecinaban dos días de mucho viento, decidimos hacer un poco de turismo por la zona, no sin antes asegurar bien el barco. Para ello el patrón siguió los consejos de los pescadores de la zona que situaron estratégicamente sus embarcaciones a resguardo del viento y las olas. Ya se sabe que, donde fueres haz lo que vieres, y si se trata de cuestiones del mar, mucho más. La experiencia de un lugareño nunca la tendrá un visitante, por muy buen marinero que sea. Es más, fijarse en eso es, en realidad, lo que diferencia a un buen de un mal patrón.

Para hacer que la estancia fuera aún mejor, incluso decidieron que dormiríamos en un pequeño hotel que nos ofreció alojamiento a muy buen precio, y en el que yo también podría descansar. La dueña, ya entrada en años y con muchas experiencias a su espalda, era muy amable y servicial. Nos contó que había vivido largos años en Europa, pero que su tierra siempre le tiró mucho, con lo que un día decidió volver y montar su propio negocio para atender a los pocos turistas que por allí pasaban. Tenía, como otras muchas mujeres de su país, varios hijos, de otros tantos maridos, dispersos por distintos países. Hacía años que a algunos de ellos no los había vuelto a ver, pero que gracias a internet y las redes sociales, sabía de ellos y de sus vidas. Parece ser que en este país, y en África en general, cuesta mucho mantener un marido estable, y las chicas suelen tener su primer hijo a muy pronta edad. Por eso no era de extrañar ver a adolescentes con un bebé en los brazos.

La señora nos ofreció, en un gesto de hospitalidad, un té y galletas para mis dueños y un poco de agua fresca para mí. Nos sentamos un buen rato en la terraza interior del propio hotel, compartiendo espacio con una joven pareja de españoles que dijeron llegar hasta allí para realizar actividades como el buceo y el surf. En esa estancia se respiraba un ambiente muy familiar y eso contagiaba a todo aquel que estaba allí. Así que se inició una charla entre todos los presentes y, si alguien ajeno hubiera visto tal situación, le habría parecido que todos nos conocíamos desde hacía mucho tiempo atrás. Creo que también influyó el común denominador del mar y la afición que todos compartían sobre este medio. El tiempo discurría pausadamente y pronto llegó la hora de comer. Así que la anfitriona preparó un plato típico caboverdiano, la Cachupa de Porco.

Se trataba de un guiso parecido a un potaje, con trozos de verdura, legumbres, patatas y algo de carne de cerdo. Una comida con mucha consistencia que se acompañó de una buena ensalada de productos locales y una botella de tinto portugués. Así pasó un buen rato, todos comiendo y bebiendo, donde cada cual iba a su ritmo, mientras yo iba dando cuenta de los trozos de carne que me tiraban desde la mesa. Una vez acabamos todos con el estómago lleno y se acabaron sus cafés, nuestros nuevos amigos tuvieron que marchar para ir a recoger un coche 4x4 que habían alquilado para el día siguiente. Todos nos despedimos y así cada cual fue a sus asuntos. En nuestro caso el asunto más importante que nos esperaba era la habitación, una buena ducha, una cama estable y completamente seca, además de un descanso bien merecido.

Fue un placer estirarme, después de tantos días a bordo, a los pies de una cama confortable y, sobre todo, estática. Todos dormimos tan profundamente que se nos pasó la hora de la cena y no fue hasta el amanecer del día siguiente que mis dueños no abrieron los ojos. Incluso creo que amanecimos en la misma postura en la que nos metimos en la cama. Una vez que mis dueños se arreglaron, bajamos al desayuno, no sin antes sacarme unos minutos a la calle para que yo hiciera mis necesidades.

Allí mismo coincidimos con la pareja de la tarde anterior, y decidieron sentarse junto a nuestra mesa, entonces, entre unos bollos, fruta, cafés y tostadas, nos dijeron que iban a visitar una base española de observación, estudio y conservación de tortugas marinas, además de dar una vuelta por algunas de las playas de la isla que, según decían, muchas de ellas permanecían desiertas durante todo el día. Irónicamente mi dueño dijo que era "igualito" que en el Mediterráneo. Así que no sé cómo fue, pero de repente esta pareja nos invitó a acompañarles y, sin dudar un instante, la respuesta de mis dueños fue entusiastamente afirmativa. Nos hicimos con unas botellas de agua y la señora del hotel nos dio una bolsa con algunas piezas de fruta. Una fruta con un aspecto no muy comercial, pero de un sabor exquisito.

En la calle estaba el coche, un Toyota 4x4, con muchos kilómetros bajo sus ruedas, y al cual le sonaban todas las piezas por culpa de los duros caminos que se tenían que transitar, por una isla donde el asfalto es un lujo y los adoquines son la materia prima de muchas de sus carreteras. Subimos todos al mismo e iniciamos la marcha, plano en mano, en dirección a nuestro destino, la base científica de las tortugas marinas.

Una vez llegamos, vimos a varias personas, muy jóvenes todas ellas, donde destacaba una figura de más edad, que resultó ser la directora del proyecto. La verdad es que a mí no me interesó el tema, pues yo estaba más preocupado de refugiarme del sol que de lo que allí sucedía, pero mis acompañantes disfrutaron mucho, pudiendo ver la gran labor que allí se desarrollaba en torno al estudio y protección de esa especie. Según decían, antaño se comían a las tortugas y, a pesar de la protección de varias Leyes Estatales, alguna vez se siguen capturando para eso o incluso les roban los huevos de sus nidos pues, estúpidamente, hay personas que creen que los productos de las tortugas poseen propiedades únicas. Creencias que se alimentan de la ignorancia y la falta de respeto por una especie tan importante y tan amenazada. Noté que todo lo que allí se veía, hablaba y aprendía era muy interesante porque estuvimos casi dos horas en el lugar, y aun había mucho que ver por el resto de la isla.

Marchamos después de una larga despedida, no sin antes intercambiar números de teléfono, y nos dirigimos a una cercana y larguísima playa de fina arena blanca, que nos había recomendado la directora de la base científica. Cuando paramos yo me temí que íbamos a ser pasto del sol y el calor, pero entonces, nuestra pareja de amigos, sacaron de una bolsa de tela una gran lona blanca. Además, en ese momento, descubrí para que servían unos largos palos, otros más cortos que iban en la cabina de la Pick Up, y las cuerdas que los acompañaban. Así que en dos minutos ya teníamos montada una carpa tan simple como efectiva. Entonces, protegidos del sol, pasamos un buen rato observando los puntos marcados en la playa donde había constancia de la existencia de algún nido de Tortuga o viendo los rastros de sus patas en la arena. También vimos al guarda que hacía su turno vigilando que nadie se acercara y mucho menos tocara alguno de los nidos a su cargo. Qué lástima no poder ver el nacimiento de las tortuguitas, pero la eclosión de los huevos estaba prevista para poco más de una semana más tarde, y nuestra visita a la isla acabaría pronto. Después de un buen baño levantamos el campamento y fuimos visitando otras playas espectaculares, de aguas cristalinas, todas ellas desiertas, donde nos bañamos y disfrutamos de la naturaleza en su estado más puro.

típica playa desierta caboverdiana

Entonces, cuando el sol ya se aproximaba a su ocaso, y antes de que los mosquitos salieran a darse su festín, nos marchamos al hotel, donde nos esperaba una cena a base de arroz y pescado fresco. Después de la misma, y de una buena tertulia a base de un montón de anécdotas, nos despedimos de nuestros nuevos amigos y cada cual se fue a sus habitaciones.

Ya fue al día siguiente, después del desayuno, que dijimos adiós a esa encantadora pareja y a la Sra. del hotel, a la que agradecimos sus atenciones y su hospitalidad. Fuimos caminando hasta la playa donde fondeamos el velero y montamos en nuestro pequeño bote para ir hasta él. Poco más tarde, una vez puesto todos los pertrechos en su sitio, zarpamos de nuevo, con destino a otra pequeña isla más al sur.

Así pues largamos trapo y pusimos rumbo a la isla de Maio. Quizá una de las más vírgenes y bonitas de todo el archipiélago de Cabo Verde. Eso sí, en nuestra derrota el patrón iba muy atento porque íbamos a pasar por una baja muy famosa que se encuentra a mitad del trayecto entre Boa Vista y Maio, en medio del Atlántico. Se trata de la baja de Joao Valiente, y eso no es, ni más ni menos, que una montaña del océano, emergiendo desde las profundidades, hasta quedar a 8 metros por debajo de la superficie. Se recuerda entre los lugareños que, antiguamente, había producido algún que otro naufragio, pero que hoy está debidamente señalada en las cartas de navegación, con lo que los grandes barcos conocen exactamente su posición, y así pueden evitar acercarse demasiado. Cuando llegamos a las coordenadas de esa baja, desde la misma cubierta de nuestro barco, vimos cómo surgió majestuosa de las profundidades y como un manto de algas y rocas cubría el plano de su cima que parecía querer emerger en cualquier momento. Esta baja tiene forma circular y es bastante extensa, está llena de vida y dicen que sirve de referencia para escualos y ballenas en su tránsito por el Atlántico sur. Qué lugar tan bello como único para realizar allí una inmersión, pensó mi dueño, pero eso sería para otros, ya que en nuestro caso no llevábamos ni siquiera una triste botella de buceo. Poco más adelante, tal y como apareció bajo nuestra quilla, ese accidente geográfico desapareció sumergiéndose el fondo hacia el abismo.

Ya estaba amaneciendo cuando llegamos a la bahía de Porto Inglés, capital de la isla de Maio, donde fondeamos en la misma junto a otros pequeños barcos locales dedicados a la pesca. Una vez en tierra nos dirigimos hacia un pequeño mercado donde pudimos comprar algo de fruta fresca y, ya que íbamos bien de tiempo, nos acercamos a un B&B que nos llamó mucho la atención, pues estaba situado justo frente al mar, y por su diseño y arquitectura destacaba de las demás construcciones que lo rodeaban. Entramos por una pequeña escalera y descubrimos un local lleno de recuerdos, pinturas, artesanía local, y cuya atmósfera estaba perfumada por el aroma de un buen café italiano. Entonces se nos acercó un simpático anciano, con espalda arqueada por los años, pero poseedor de un espíritu y una alegría que ya quisieran tener muchos jóvenes. Él era su propietario y enseguida nos invitó a sentarnos en una de las mesas. Al momento nos dijo que se llamaba Alfio, y no tardó ni un minuto que ya estaba contándonos su historia. Entre otras muchas anécdotas, nos dijo que había sido oficial de la marina italiana, y años atrás decidió que su jubilación la pasaría en esa isla. La verdad es que, entre el café, algunos dulces que nos ofreció y la charla que mis dueños tenían con el anfitrión, el momento se hizo muy ameno.

El Sr. Alfio no dejaba de explicar historias de su juventud y de las maravillas de la isla de Maio. Se notaba que, a pesar de la edad, seguía siendo una persona entusiasta, que deseaba exprimir cada gota del néctar de la vida, que disfrutaba de rodearse de personas positivas, y que amaba poder transmitir a los más jóvenes sus conocimientos adquiridos en la "universidad" de la vida, esa que enseña lo que ninguna escuela puede hacerlo mejor.

Como dije, ese café se hizo tan ameno como larguísimo, pero eso fue lo bueno, porque llegó la hora del almuerzo y nuestro anfitrión nos invitó a comer con él. Y digo nos invitó a todos, porque para mí también tenía un buen trozo de pollo que guardaba en la nevera. Mis dueños degustaron un suculento plato de su invención. Se trataba, según él, de una fusión ítalo-caboverdiana, realizada con espagueti de pasta fresca hechos en su propia cocina, acompañados de langosta de la zona, y todo ello condimentado con una salsa a base de tomate y otros muchos ingredientes "secretos". La verdad que ese plato debía estar buenísimo porque no quedó ni media cucharada, y eso que la cazuela llegó bien llena a la mesa. Ni que decir que después todo lo regaron con unos licores italianos, y lo que iba a ser una visita a la isla de un par de horas, se convirtió en un día completo. Pensamos en pernoctar en casa de Alfio, pero su B&B "Jardím do Maio", estaba completo y, no sin antes tener una larga despedida de nuestro anfitrión, nos fuimos a dormir al barco.

playa de Porto Inglés (Maio)

Al día siguiente, con los primeros rayos del amanecer, decidimos zarpar con destino a la isla cercana de Santiago. Ya nos avisaron que no recaláramos en el puerto de su capital, Praia, porque además de estar saturado y carecer de interés turístico, había un repunte de delincuencia, por lo que nos recomendaron seguir navegando un par de horas más, hasta la pequeña población de Ciudade Vella.

Durante las pocas millas que separan Praia de nuestro destino, fuimos viendo la parte más antigua y caótica de la ciudad, y como esta se iba transformando en una urbe moderna en los nuevos barrios que, en los últimos años, se habían construido por la periferia.

Cabo Verde es un país de contrastes, de sabores y de colores, con paisajes que, a cada pocos kilómetros, cambian radicalmente, tierra antaño de esclavos, pero hoy de plena libertad. Un país, unas tierras y un océano, que, si se cuidan y conservan adecuadamente, lo convertirán en uno de los paraísos aquí en la Tierra.

EL DESTINO

Ya fue a media tarde cuando entramos en la bahía de Ciudade Vella, aunque mucho antes de llegar a nuestro destino, ya se divisaba en lo alto de un risco la fortaleza que corona una de las montañas que la rodean. Según cuenta la Historia, esta población fue el centro del tráfico de esclavos de África hacia América. Un macabro mercado controlado por ingleses, españoles y portugueses, como principales actores, además de otros europeos, todos ellos en busca de fortuna. En este triste negocio también participaban los africanos del continente, que suministraban a los negreros las personas que secuestraban o engañaban para acabar como esclavos.

Ya hablé de Ciudade Vella al principio de esta historia, pero os puedo dar algunos detalles más. Esta pequeña población vive fundamentalmente del turismo, del Grogue, licor de caña muy fuerte y que tiene "enganchados" a más de uno, y algo de agricultura. El turismo que acude allí lo hace en pequeños autobuses o en las típicas furgonetas de 9 plazas, donde son capaces de meter...¡¡¡hasta a 16 personas!!! y que, por muy poco dinero, te llevan por todo el litoral hasta la capital de la isla de Santiago.

La bahía de Ciudade Vella es, en términos marítimos, un buen refugio, pues protege a los barcos de los vientos fuertes del norte, pero tiene un punto flaco, ya que está abierta al Sur y puede sufrir los duros temporales que provienen de esa dirección. Si nos fijamos en su geografía, destaca en medio de la misma bahía un afloramiento rocoso muy peligroso para la navegación. Se cuenta que, en el pasado se cobró muchas víctimas, de hecho los historiadores han registrado más de 150 naufragios en esa zona, en su mayoría galeones, de los que se dedicaron al comercio de esclavos. Su playa no es muy típica, pues está conformada por unos pocos metros de arena negra por donde los pescadores desembarcan y recogen sus cayucos, y todo el resto formado por rocas volcánicas de diversos tamaños, también negras, pero redondeadas por el desgaste producido por la fuerza de las olas que, en ocasiones, rompen con fuerza contra las mismas.

playa de Ciudade Vella

Como ya expliqué, dominando el frente marítimo hay un acogedor restaurante a pie de playa regentado por un español que recaló allí hace muchos años. Juan se llama y rondará los sesenta y muchos años. Él es alto y delgado, siempre sonriente y simpático, con el rostro marcado por las cicatrices de los años y otras que nos dejan los amargos tragos de la vida. Es todo un personaje y para mí, aun sin saberlo, se convirtió en un ángel protector.

Esa noche desembarcamos, no sin antes asegurar bien el fondeo de nuestro barco, y cenamos en el restaurante de Juan, que nos amenizó la velada con muchas de sus anécdotas, e interesándose por nuestro origen y las vicisitudes de nuestro gran viaje. Mis amos hablaron largo y tendido con él, aunque ni el español de ellos, ni el francés de Juan lo hiciera tarea fácil. La cocinera nos preparó un buen pescado al horno y yo degusté un trozo de carne que me dieron, junto con un cazo de agua. Una vez llenados nuestros estómagos, habiendo ellos degustado unos licores, volvimos al barco. Creo que llevábamos cierto agotamiento y enseguida caímos rendidos.

Al día siguiente, después de un desayuno a bordo frente a Ciudade Vella, contemplando la actividad de los pescadores en la playa, y con unas magníficas vistas a su fortaleza, mis dueños estuvieron hablando del plan de ese día. Creo que todos pensábamos que necesitábamos descansar más tiempo en tierra firme. Así que arriamos de nuevo nuestro bote auxiliar y nos dirigimos a tierra, eso sí, en ese corto trayecto fuimos saludados por todos los pescadores que componían las tripulaciones de cada uno de los cayucos de pesca, que a esa hora se hacían a la mar.

Una vez en tierra mis dueños y yo iniciamos una excursión por toda la exuberante y verde ribera que desemboca en el mar. El camino, esculpido por las eventuales avenidas de agua y el paso de las gentes que allí viven y trabajan, está flanqueado por casitas típicas de piedra y techos con armazón de madera, coronados con cerámica o cañas. Vimos, con cierta curiosidad, que los últimos doscientos metros de ribera, antes de llegar al mar, están encauzados por dos grandes muros. Después supimos que sirven para controlar las posibles avenidas de agua pues, en época de lluvias, pueden caer grandes precipitaciones en muy poco espacio de tiempo, tornando esa ribera en un lugar peligroso. Íbamos subiendo rodeados de huertos, algunos animales, como cerdos o gallinas, que deambulaban buscando alimento, campos de caña de azúcar, que es la base del Grogue, y algunas antiguas construcciones restauradas, como un pequeño monasterio y alguna iglesia.

De todo lo que íbamos viendo, para mí lo más curioso e interesante eran los ruidos que emitían los pájaros y los macacos que pueblan las partes más inaccesibles de la ribera. Estos monos son animales nuevos para mis curiosos ojos, pues nunca los había visto. Estas bellas criaturas forman grupos familiares con vínculos muy fuertes y, por desgracia, siguen siendo perseguidos por su carne o, simplemente, para tenerlos enjaulados como mascotas, donde acaban sufriendo una dura "cadena perpetua", hasta el final de sus vidas. Es muy triste que las personas no entiendan cuán importante es la Libertad para todos los animales. Por eso siempre me pone triste ver animales en jaulas, ya sean los macacos de Ciudade Vella, como los pájaros, conejos, ratones, serpientes o tortugas que tienen algunos amigos de mis dueños. Las jaulas, por muy bonitas que sean, son cárceles donde cualquier animal se siente torturado, sin saber jamás que "delito" habrá cometido.

Seguimos caminando durante más de media hora cuando de pronto, una masa enorme nos cerró una gran parte del paso. Lo miramos con incredulidad pues se trataba de un solo árbol.

¡¡¡Un árbol que debería medir más de siete metros de diámetro!!!

Se trataba de un Baobab, una especie tropical que puede vivir más de 1.500 años, y este resulta que no era de los más grandes. A mí me pareció enorme y no me imagino cuantos perros podríamos alzar la pata a la vez, alrededor de uno de estos. Sería una locura querer marcar un árbol así por parte de un solo perro. ¡¡¡Jajajaja!!! Mis dueños se hicieron unas cuantas fotos con el árbol y decidimos hacer un alto para descansar y refrescarnos. Yo me tumbé a los pies de semejante coloso, alce la mirada y me quedé fascinado viendo la enorme copa del mismo.

Más adelante, cuando el camino se volvió impracticable por la maleza, y vimos que no estábamos preparados para atravesarla, dimos media vuelta y enfilamos el regreso, disfrutando de ese paisaje medio salvaje, y ya de paso fuimos recogiendo algunos mangos y papayas de los muchos árboles que había por el camino. Mis dueños pensaron que era una suerte disponer a bordo de una fruta tan buena.

Ribera Grande (Ciudade Vella)

Ya estábamos llegando al final de la ribera, cuando yo me retrasé un poco al ver a unos niños pequeños que estaban jugando con una pelota, y al verme me incitaron a jugar con ellos. Por otro lado, mis dueños habían decidido volver a comer en el restaurante de Juan, y hacia allí se dirigieron, pues la caminata les despertó el hambre, y de qué manera. Yo me lo estaba pasando muy bien con los niños, que no hacían más que tirarme una pequeña pelota para que yo se la devolviera, y así volver a empezar una y otra vez.

Una de las veces me lanzaron la pelota más lejos, y esta quedó en medio de la pequeña carretera que cruza Ciudade Vella. Hacía ella me dirigía tan rápido como podía, cuando vi a una niña muy pequeña, calzada con unas chancletas, que apenas la dejaban correr, y que también quería coger la pelota. Entre risas la niña corría con la intención de llegar antes que yo.

De pronto me alertó el ruido de una de esas furgonetas de transporte, que pasaban a gran velocidad por esa carretera. Tan pronto como la escuché, de repente apareció una de color blanco, llena de gente, que iba como perseguida por el diablo. Entonces me alarmé viendo que pasaría por donde estaba la pelota.

Sin pensarlo aceleré mi carrera, y justo me detuve frente a la pequeña que ya estaba a punto de meterse en la carretera. Entonces la empecé a ladrar con todas mis fuerzas, con el fin de que no siguiera hacía la pelota, y sobre todo con la intención de que retrocediera unos pasos. La niña se asustó mucho, dio dos pasos atrás y cayó de culo entre llantos, pero por suerte fuera de la carretera y fuera de peligro. Yo en cambio, estando tan pendiente de ella, no vi que ya tenía encima la furgoneta, cuyo chofer no pareció hacer caso de mi presencia. En ese instante, en un intento desesperado por huir, di un salto hacia atrás para evitar que el vehículo me pasara por encima, pero eso no impidió que el parachoques impactara violentamente contra una de mis patas delanteras.

En ese momento se oyó un ruido tremendo, como el quebrar de la rama de un árbol, mientras yo salía despedido del golpe, soltando un aullido terrible. Entre mis lamentos y los llantos de la niña, el momento se convirtió en un caos que todo lo envolvió. La madre de la pequeña corrió a socorrerla, pensando que yo la había atacado y, por su parte, los pequeños que estaban jugando conmigo corrieron hacía sus casas huyendo del lugar.

Pasaron unos instantes y allí estaba yo, solo a un lado de la carretera, con mi pata rota y sangrante, colgando del tendón, piel y unas pocas fibras musculares. Mi pelo estaba salpicado de mi propia sangre y sucio del polvo tras el terrible revolcón que me di en la carretera. En ese momento el dolor me colapsó, temblaba sin control y estaba al borde de un shock. Enseguida aparecieron mis dueños corriendo, ella gritando y él más tranquilo intentando controlar la situación. La gente empezaba a agolparse alrededor mío preguntando qué pasaba, y dando cada cual su versión de los hechos. Mis dueños, que ni habían empezado a comer, quedaron estupefactos y, viendo mi situación, dijeron a Juan que iban corriendo al barco a por vendas, desinfectante y medicamentos para tratarme las heridas y la fractura.

A todo eso mi dueña me acariciaba y me decía muy dulcemente que estuviera tranquilo, que ahora volvían y que me iban a curar. Yo estaba en shock, perdiendo la vista y la conciencia, pero esas caricias y sus palabras me dieron alivio y un aire de esperanza. Entonces, muy rápidamente, marcharon hacia el barco.

No se cuanto tiempo pasó, ya que tanto pudieron ser minutos como horas, pero cuando mis ojos hicieron los primeros amagos de abrirse, la primera imagen que vieron fue la mirada de Juan. Tenía consigo una botella de agua con la que me refrescaba, y con la que me dio de beber, además ya hacía rato que, con sumo cuidado, había empezado a limpiarme las heridas. Yo no sentía nada, creo que mi cuerpo y mi cerebro estaban tan bloqueados que me impedían coordinar o tener conciencia de nada, ni siquiera del dolor de mi fractura abierta. Luego supe que fue tanta la sangre que perdí, que por eso me mantuve semiinconsciente y en calma, pero también al borde de la muerte. Juan siguió con las curas, me hizo tragar un medicamento, y me llevó en sus brazos hasta una toalla que dispuso en una sombra a un lado de su restaurante. Allí empecé a notar cierto alivio, pero seguía perdiendo algo de sangre y no era consciente del tiempo que pasaba. Entonces creo que me volví a desmayar, y eso creo que fue lo mejor para mí, pues me ayudó soportar tanto dolor.

Así pasé la noche y apenas amaneció, cuando de nuevo abrí los ojos y me vi solo en la toalla que Juan me puso a modo de cama. Miré a un lado y a otro buscando a mis dueños, pero no veía a nadie. Intenté moverme, pero el dolor me lo hizo imposible.

Pasaban interminables los minutos y seguía sin ver a nadie, cuando de detrás de un muro, aparecieron dos personas que venían hacia mí, una niña y la que parecía su madre. Yo apenas podía distinguirlas, pero cuando las tuve encima vi que la pequeña era la misma niña a la que impedí cruzar la carretera. Ella se inclinó hacia mí y me acarició la cabeza, con la misma dulzura con la que se acaricia a un bebé, me sonrió con los ojos llenos de emoción, y de repente vi como dos lágrimas brotaban de esos ojitos, recorriendo sus mejillas. Sentí una mezcla de amor y orgullo, pero mi dolor no cesaba y empezó a martirizarme de nuevo. Fue entonces cuando la madre se me acercó y, con un inmenso sentimiento, me dijo "gracias". Fue una sola palabra, pero sentí que estaba llena de sinceridad y gratitud.

La señora empezó a examinarme, y de una bolsa sacó un bote con una crema de un color pardo y olor muy extraño que inmediatamente empezó a aplicarme en la herida. Al poco noté un gran alivio, mientras esa mujer me seguía aplicando ese producto por algunas de las otras heridas que sufrí en mi fatal accidente. En cuanto la pata estuvo limpia de sangre, y el tratamiento acabado, me la cubrió con un paño limpio y me lo ajustó suavemente para que la herida no estuviera expuesta al aire. A todo eso la niña no dejaba de mirarme con esos grandes ojitos negros que tenía, y yo sentí que no paraba de pedirme disculpas, sin decir nada, tan solo con su dulce mirada.

Estaba claro que ambas habían descubierto mis verdaderas intenciones, y que quizá se dieron cuenta de que mi violenta forma de actuar solo pretendió salvar a la niña de ser atropellada. Una vez me hizo las curas, la señora me dio de beber agua, con sus propias manos, porque sabía que no podía ni incorporarme. También me dio un poco de carne picada, en una forma parecida a las albóndigas, para que no perdiera más fuerzas y así me fuera recuperando de la pérdida de sangre. Una vez bebí y comí algo, me embargó una sensación de paz, las miré unos instantes más y me volví a dormir.

Un rato más tarde llegó Juan y me dio los buenos días, se acercó a mí y vio que me habían curado la pata, que estaba mejor y me dio a entender que él se ocuparía de mí. Yo lo miraba agradecido e intentaba mover mi cola para que se diera cuenta, pero apenas tenía fuerzas para eso.

Pasó un tiempo mientras me iba recuperando, no sé cuánto, pero durante todo ese tiempo, allí tenía a Juan, día a día cuidando de mí, limpiándome las heridas y dándome agua y comida. Incluso cada tarde, a la salida de la escuela, recibía la visita de la niña. Esta se sentaba a mi lado, unas veces en silencio, otras diciéndome cosas muy bonitas, pero siempre dándome muestras de cariño, acariciándome la cabeza. Pasados varios días, una tarde llegó la mamá de la niña y me destapó la pata para ver la herida y mi fractura. Como ya imaginaban todos, dados los destrozos y la falta de medios, el hueso no había soldado, y quedaba la mitad de mi pata delantera izquierda colgando de un hilo seco, que no eran más que los restos del tendón. Con algo de dificultad pude levantarme y sentí que recuperaba las fuerzas. Además vi que no era tan difícil mantener el equilibrio. Lo malo es que esa pata colgando me seguía torturando de dolor y molestaba a cada movimiento que hacía, además tenía ya un color que no era nada bueno.

Así que no lo pensé mucho y con mis propios dientes agarré mi propia pata. Estiré con fuerza, con mucha fuerza, y la mama de la niña se asustó, pero al poco entendió que era necesario que mi trozo de pata, ya gangrenada, se despegara de mi cuerpo lo antes posible. En un primer intento no pude hacer más fuerza porque sentí un dolor muy agudo e intenso, que me hizo soltar un gran aullido, pero a la segunda me dije que tenía que quitarme esa parte de mi cuerpo de encima para poder salvar la vida y adaptarme a mi nueva situación. Así que, de un nuevo y decidido tirón de mis dientes, arranqué mi pata muerta y la dejé caer a mis pies. Entonces Juan, que al oír mis lamentos acudió rápidamente, la vio y la cogió con un papel. Pronto se deshizo de ella mientras la mamá de la niña acababa de curarme la herida que me provocó la amputación definitiva de parte de mi pata.

Mestizo en la playa de Ciudade Vella

Los días seguían pasando y yo me iba adaptando a mi nueva fisionomía, pero había algo que me atormentaba y que seguía sin entender.

¿Dónde están mis dueños?, ¿Dónde está nuestro barco?

¿Por qué no están a mi lado cuando tanto los necesito?

Esas preguntas resonaban como un mazo en mi cabeza, y nada ni nadie me daba pista alguna sobre las respuestas. Fue un día que escuché a Juan hablando con dos amigos suyos venidos desde España, que tuve respuesta a lo que tanto me estaba martirizando. Según explicaba, en un primer momento mis dueños parecía que querían ayudarme y fueron hacía nuestro barco a buscar medicamentos y útiles para curarme, pero a los pocos minutos de llegar a la embarcación, aun sin saber porque, levaron anclas y, con cierta prisa, empezaron a alejarse de la costa. Tal y como Juan seguía explicando las circunstancias de mi accidente a sus amigos, se notaba que estaba muy enfadado y decepcionado con mis dueños. Durante todo el relato iba alzando la voz y no dejaba de hacer aspavientos con sus brazos. Parece ser que lo que más le indignó, de la forma de actuar de mis dueños, fue cuando vio, perfectamente, que en ningún momento ninguno de los dos mirara hacia atrás, siquiera como un gesto de pesadumbre o tristeza.

Por mi parte, al escuchar estas palabras, estas se convirtieron en puñales para mi corazón. Entonces agaché mis orejas y mis ojos se humedecieron como jamás pensé que podrían hacerlo. Nunca pensé que pudiera llegar a ser un estorbo, y acabara abandonado por las personas a las que había dado todo mi amor.

Fue en ese momento cuando uno de los amigos de Juan se giró hacía mí y, viendo mi estado, se levantó de la mesa, se arrodilló a mi lado y empezó a acariciarme y maldecir a cualquier tipo de persona que sea capaz de abandonar a un perro, o a cualquier otro animal que conviva con su familia. Quizá para algunos esto sea nuevo y desconocido, pero los perros tenemos sentimientos. Bueno, no solo los perros, sino cualquier otro animal también los tiene. Eso sí, para los que nunca han sentido la compañía y el cariño de un animal, es muy difícil que entiendan de lo que estamos hablando.

El amor de un perro por los miembros de su familia, para él su manada, es enorme y es para siempre.

Una vez obtuve la respuesta a mis preguntas, quizá por el amor que jamás podría dejar de sentir por mis dueños, quizá por darles el beneficio de la duda o por no querer perder la esperanza, me pasaba los días allá en las rocas, cerca de donde rompen las olas, clavando la vista en el horizonte, intentando descubrir allá, a lo lejos, cualquier sombra del pasado que me diera esperanzas de reencontrarme con los míos. A todo esto, Juan, mientras atendía su restaurante, no dejaba de observarme, así todos los días, sin decirme nada, pero cuidando de que no pasara sed, y dándome algo de comer para apaciguar el hambre que, por otro lado, sufren todos los perros que viven abandonados por las calles de esa isla.

Si ya el día a día era difícil, las noches se convirtieron en los peores momentos de mi existencia, pues siempre me costaba mucho conciliar el sueño por todos los recuerdos y sombras del pasado que venían a mi mente. Esos momentos de soledad me daban miedo, no soportaba vivir lejos de las personas que amo y menos sin entender el porqué de este abandono. En las noches estrelladas levantaba mi cabeza, intentado recordar las estrellas que veía en mi lejano hogar. Imaginaba que mis dueños verían esas mismas estrellas, y mantenía la esperanza de que también se acordaran de mí. Eso sí, alguna vez los recuerdos superaban mi entereza, y en ese momento se llegaba a reflejar la luna en mis grandes ojos negros, mientras alguna lágrima caía por mi rostro.

¿Qué pecado cometí?, ¿Dónde estuvo mi error?

Eran preguntas que constantemente me atormentaban, pero que nadie podría contestarme, salvo los que yo aún seguía queriendo y considerando mis dueños, mi familia, mi manada.

Los días, semanas y meses iban pasando y yo ya me había hecho un espacio propio junto a la terraza del restaurante de Juan. No es que él me considerara su perro, ni yo tampoco creí que fuera mi nuevo dueño, pero si le quería mucho, porque a los amigos de verdad se les quiere mucho, y a Juan le consideraba mi mejor amigo allá en Ciudade Vella.

Juan en el restaurante de Ciudade Vella

Un día vi que Juan no llegaba a su hora y escuché que se había ido a visitar a su familia allá en Canarias. A partir de entonces, los siguientes días fueron muy malos porque nadie reparaba de mi presencia, y nadie me daba ni agua ni comida. Ese fue el momento en el que descubrí las auténticas penurias que pasaban los perros de la calle, los perros que no tienen dueño o familia que les acoja y los cuide. Para aumentar mí desdicha, la niña y su madre, que me venían a ver de vez en cuando, tampoco estaban por haber marchado de viaje a ver a un familiar. Ya lo dicen que las desgracias nunca vienen solas y, en este caso, así me sucedió.

Tenía cada vez más hambre, pero era la sed lo que más me torturaba. Entonces empecé a deambular por las calles, como alma en pena, pero seguía sin ver nada que comer y menos agua que beber. Cabo Verde es un país muy seco, sobre todo en su litoral, y el agua potable es un lujo para cualquiera. En mi desesperación me acerqué al mar para beber agua salada. Di unos buenos tragos y, de momento y a pesar del sabor, sentí un cierto alivio, pero al poco la sal que contiene el agua marina empezó a afectar a mis riñones y mis tripas. De pronto sentí como si todo mi organismo se sacudiera violentamente y empecé a tener una diarrea como jamás padecí. Mi cuerpo se deshidrataba cada vez más y estuve a punto de perder el conocimiento, con todo eso, más el golpe de calor que me empezaba a afectar, llegué a verlo todo muy negro.

Cuando ya pensaba que lo tenía todo perdido vi como una de las camareras del restaurante de Juan iba, cubo en mano, a regar las plantas de la terraza. Ella fue regando una a una, abundantemente, y yo como pude me acerqué y empecé a lamer el agua que iba sobrando de la tierra y que quedaba estancada en los platos debajo de las macetas.

Terraza del restaurante y un típico perro caboverdiano.

Lamentablemente la chica no se apercibió de mi gran necesidad y, una vez acabó de regar, se marchó no sin antes tirar el agua sobrante del cubo sobre las rocas de la playa. Qué lástima que los ojos de algunas personas no sean capaces de ver las necesidades de quienes les rodean. Yo me habría conformado solo con poder beber el agua que tiró a las rocas. Todo y así me empecé a sentir mejor y de paso descubrí un posible lugar donde obtener agua. Es más, cuando me quise dar cuenta, vi como otros perros hacían como yo e incluso alguna gallina que por allí deambulaba. La necesidad agudiza el ingenio, el instinto de supervivencia, y es en esos momentos cuando hay que demostrar un gran sentido común. Entonces empecé a seguir en la distancia a algunos de esos perros que estaban en mí misma situación, y cada día aprendí como obtener algo de comida y donde encontrar agua. Algunas veces lo que comía no era nada agradable, ya que tripas de pescado crudo mezcladas con arena de la playa, o los restos de basura son un menú nada apetecible, pero eso me ayudó a sobrevivir y, al fin y al cabo, en ese momento eso era lo importante, y lo que hacen todos los seres vivos cuando no tienen nada mejor al alcance de su boca.

A pesar de mi precaria situación seguía pasando mis noches en la orilla del mar, soñando, recordando y añorando mi vida al lado de mis dueños. No obstante, como ya empezaba a congeniar con los de mi especie, con los que compartía el abandono y la soledad, de vez en cuando alguno de mis nuevos amigos se acercaba en mitad de la noche y dormía a mi lado. No sé si porque sentía mi pena, o porque de esa manera él también espantaba sus miedos, o la dura sensación del que se siente solo en la vida. Los abandonados quizá no éramos una manada, tal y como la formaríamos en condiciones normales, pero sentíamos que la unión nos hacía sentirnos mejor y nos ayudaba a sobrevivir en esa tierra tan hostil.

Yo estaba acostumbrado a comer más o menos bien, que si un día restos de pescado y carne de la cocina del restaurante, que si lo que me daban algunos de los clientes que allí acudían, y otras veces lo que Juan me traía de su casa. Además, casi siempre contaba con un pequeño cubo donde saciar mi sed con agua limpia y fresca, que Juan me dejaba algo escondido detrás de la cocina. Lo malo es que, para que todo funcionara bien para mí, era imprescindible que él estuviera presente.

Así estuve durante las vacaciones de mi amigo Juan, pero como toda tormenta, esta acaba en algún momento, y así llegó un día que escuché un sonido muy familiar. Se trataba de su coche, que llegaba con su ruido a lata vieja. Me puse muy contento y moví mi cola con mucho brío. Creo que incluso Juan también se alegró de verme, pero nada más llegar se dio cuenta de lo mucho que había que hacer para reorganizar el restaurante, y no fue hasta pasado un buen rato que me hizo algo de caso. Me miró y me sonrió dándome unas palmadas en la cabeza y, para venir de Juan, esas eran unas grandes caricias. También le escuche decir, "Pobrecito, que flaco se ha quedado el perro"…

Al poco salió de la cocina con algo en las manos y me lo dio. Era un trozo de carne que me supo a gloria, y que yo se lo agradecí moviendo mi cola y abriendo mis ojos todo lo que pude.

¡¡¡ Y qué alivio ver que mi cubo volvía a tener agua!!!

En mi situación nunca tuve conciencia del paso del tiempo. El día a día me tenía muy ocupado en sobrevivir como para pensar en calendarios. Aun así, creo que ya habían pasado unos tres años desde que me quedé abandonado en Ciudade Vella. Digo esto porque el amigo de Juan, que tan cariñoso se mostró conmigo, venía una vez al año por allí y, hasta este momento, fueron tres veces las que nos encontramos. Recuerdo que ese hombre me daba una buena parte de la comida que le servían. Además, me daba buenas caricias y, en más de una ocasión me quitaba, con sus propias manos, algunas de las garrapatas que tenía en mi piel. Recuerdo que, a pesar de ya no tener la apariencia de un perro normal con todas sus patas, ni tener el pelo limpio y lustroso, me solía hacer algunas fotos. Creo que para él no importaba el aspecto exterior que un perro pudiera tener, sino el carácter y el corazón del mismo. Y yo, a pesar del daño recibido, siempre me mostré dócil y cariñoso, pues no guardo rencor por nadie. Ni por el conductor de la furgoneta que en tan mala hora me atropelló, ni por el abandono que estaba sufriendo por parte de mis dueños. El odio o el rencor solo hacen daño a quienes lo sienten, y yo bastante dolor tenía como para hacerme más daño aún.

Un día amaneció el cielo muy cubierto y, como allí no llovía casi nunca, cuando se intuía que lo haría, era algo bien recibido por todos. Ya eran casi mediodía, cuando de repente unos relámpagos iluminaron el cielo y en pocos segundos llegó hasta la playa un trueno ensordecedor. Yo me asusté un poco, pero los demás animales que por allí andaban se espantaron mucho. Las gallinas corrieron a refugiarse en su corral, los pollitos las seguían a duras penas, pero no se quedaban atrás. Un gato que pasaba por allí se metió debajo de unas cajas de madera y dos perros amigos míos también corrieron hasta refugiarse bajo un coche que estaba aparcado. Yo estaba acostumbrado a las tormentas de donde nací, y lo que esperaba es que una lluvia refrescante cayera para limpiar mi piel de tanta salitre acumulada, y aliviara los calores que no me daban tregua en ese clima tan seco y caluroso. Así estaba yo pensando en esto cuando empezó a caer una fuerte tormenta, Juan y sus compañeras se afanaban en recoger todas las cosas de la terraza del restaurante, la lluvia lo empapaba todo y además vino acompañada de unas cuantas fuertes rachas de viento. Yo, a pesar de todo, recibía ambos fenómenos en mi cara con cierto placer, y disfrutando del agua dulce que el cielo me regalaba para alivio de mis penurias. Hubo quien pensó que estaba loco, pero hubo quien me imitó y me acompaño a disfrutar de la lluvia. Unos niños que, en principio se refugiaron bajo un porche, salieron en medio de la plaza que linda con el restaurante, y empezaron a jugar bajo la lluvia, el júbilo nos invadió a todos y durante unos buenos minutos disfrutamos de ese agua tan fresca y tan buena. De repente, tan rápido como llegó, la lluvia cesó y el sol empezó a asomar por encima de las cumbres que flanquean la ribera de Ciudade Vella. Qué bueno, el agua caída del cielo siempre es bienvenida, y más en tierras tan áridas. Los huertos se empaparon, las calles olían a tierra e hierba mojadas, los pájaros parecían cantar con más alegría y yo estaba feliz, con la cara y el pelo mojados, cuando de repente algo me llamó poderosamente la atención.

Una sombra en el horizonte me traía recuerdos que dieron un vuelco a mi corazón.

¡¡¡ De pronto vi nuestro velero!!!

Este se iba acercando lentamente hacia la bahía. Sus velas, la forma del casco y su bandera me resultaban tan familiares. Ladré con todas mis fuerzas, ladré de tal manera que llamé la atención de mucha gente, en especial de Juan que se me acercó allá a las rocas, desde donde yo solía otear el horizonte en busca de mis dueños. Tardó un poco en llegar, pues su paso siempre era pausado y, cuando llegó a mi lado, se fijó en el mismo barco en el que yo tenía calvados mis ojos, y allí estuvo unos instantes oteando el horizonte y estudiando los detalles del mismo. Al poco Juan suspiró, a lo que yo desvié mi atención sobre el barco y le miré directamente a sus ojos. Entonces él me dirigió una mirada nada alentadora y me dijo que ese barco no era el de mis dueños. No entendí porque me dijo esto, pero me quiso hacer comprender que él veía detalles que le decían que no era el mismo. Finalmente, cuando el velero fondeó en el punto más cercano que pudo de la costa y pude observarlo mejor, con gran tristeza pude constatar que no eran ellos. Como tantas veces, agaché mis orejas, hundí mi mirada en las rocas, mientras duros y sordos lamentos volvían a herir mi corazón.

Esto me hizo pensar que me estaba haciendo viejo pues, hasta ese momento, pensaba que mi vista era la de siempre. Yo tenía esa vista que permite a un perro ver a grandes distancias cosas que los humanos no pueden ni intuir, y este hecho me preocupó mucho.

Como ya dije, no tenía una conciencia real del tiempo, pero puestos a calcular, en ese momento yo podría tener entre diez u once años. Quizá no muchos años para un perro que tuviera una buena vida, con buena alimentación, buena cama y cuidados básicos, pero para un perro de la calle resulta que esos eran muchos años. Podría ser por ese motivo que los demás perros de la calle me tenían por un líder, como el sabio anciano en el que todos se fijan como ejemplo a seguir. La mayoría de ellos eran jóvenes, y creo que no llegué a ver nunca a ninguno que rondara mi edad.

Otra cosa que me preocupaba eran los dolores en mis patas, pues cada día eran más fuertes. En aquel tiempo apenas andaba un rato, que agotado ya me tenía que tumbar allá donde estuviera hasta recuperarme. El tener solo tres patas hacía que, la delantera que me quedaba, tuviera que hacer el doble de esfuerzo y sus articulaciones se resintieran mucho más de lo normal. Además, cuando andaba, al carecer de una extremidad, no lo hacía con normalidad y el movimiento extraño que hacía mi tronco, y los constantes saltitos también me perjudicaban la cadera y la columna.

Mestizo en la playa de Ciudade Vella

Mis amigos humanos se daban cuenta de mi situación, y tanto Juan, como la niña y su mamá, me prestaban mayor atención cuando tenían algún momento libre. Para mí era un bálsamo recibir las caricias de una niña que ya casi se había convertido en una mujer, ella siempre me repetía que gracias a mi se salvó de un terrible accidente, y su mamá jamás olvidaría ese gesto, y por eso le daba siempre alguna cosa de comer para mí. Creo que por salvar a esa niña yo perdí mucho, pero no me puedo imaginar el enorme drama por la pérdida de una hija, si esa furgoneta la hubiera atropellado. Quizás el conductor la habría podido esquivar en el último segundo, pero eso jamás lo sabremos, y lo que pasó ya nadie lo puede cambiar. Lo importante es que una criatura tan dulce y buena como ella esté bien y su mamá siga disfrutando de una hija así. Habrá quien piense que fui un héroe, pero creo que solo hice lo que cualquier ser normal hubiera hecho.

LOS ÚLTIMOS DÍAS

Algunas veces, mientras pasaba las horas tumbado en la playa, oteando el horizonte, solía seguir con la mirada el vuelo de los pájaros, alzando la mirada, girando continuamente mis ojos para no perderme ninguna de sus acrobacias, y recuerdo cuanto envidiaba su libertad y el poder volar más allá de donde abarca la vista. Que sensación más increíble sería poder volar como ellos, pensaba. Un día de esos, en los que me quedaba embelesado contemplando a los pájaros, noté que se me nublaba la vista, que empezaba a ver las imágenes multiplicadas en mis retinas, y parecía que iba a perder el equilibrio. Por suerte estaba tumbado, así que cerré los ojos en medio de esa sensación de mareo, pero de un mareo extraño que jamás había sentido, ni siquiera en medio de alguno de los temporales que sufrimos a bordo de nuestro velero. Me quedé tumbado durante un tiempo indeterminado, y solo un chorro de agua en mi cabeza y las voces de la niña y su madre me lograron despertar de ese inesperado letargo. Ellas paseaban por la playa y me vieron tan inmóvil que se asustaron mucho. Cuando me vieron abrir los ojos se aliviaron y me dieron de beber agua pensando que había padecido algún tipo de golpe de calor, pero yo sentía que había sido algo peor.

Creo que mi corazón era el que no funcionaba como debía. En ocasiones sentí que iba muy acelerado y otras veces me sentía como agotado sin haber hecho ningún esfuerzo especial. Todo y así yo aparentaba estar bien y ser relativamente feliz. Aunque interiormente la pena me atormentaba y me estaba consumiendo a cada hora, a cada día que pasaba en soledad. Ya habían pasado varios años desde que fui abandonado a mi suerte, y a pesar de todo, yo seguía teniendo esperanzas de volver a reunirme con mis dueños.

Por otro lado, mis días se iban consumiendo sin más. Vivía sin vivir y parecía que nada que no fueran los recuerdos de mi pasado me daba ya fuerzas para seguir viviendo. Hay quien podría pensar que era un estúpido por seguir guardando tanto amor por quienes me habían abandonado, pero eso lo piensan porque no conocen la grandeza del corazón de un perro.

Se han dado casos de perros que han recorrido enormes distancias, incluso durante meses, para volver a sus hogares. Casos de perros que se han mantenido a las puertas de hospitales, o incluso cementerios, donde han llevado a sus dueños. Casos de perros que se han jugado la vida o la han perdido por salvar a personas, incluso algunas desconocidas para ellos. Se han dado tantos casos en los que un animal ha demostrado un profundo amor o valentía, que resulta inaudito que aun haya quienes duden de los sentimientos de los animales, y más concretamente de los perros. Por suerte también hay muchos ejemplos de humanos que se han volcado en nuestros cuidados y hasta se han jugado la vida por salvar a algunos de nosotros.

Un día Juan se me acercó, me miró y dijo en voz alta:

"Amigo… cada día te veo más viejo y jodido, pero eso me recuerda que yo también me hago viejo y que también estoy jodido… manda huevos"

Y se sonrió mientras encendía un cigarrillo que empezó a fumar a mi lado. Que hombre, con ese humor tan peculiar y, por cierto, que razón tenía. Yo le miraba con cariño y me alegraba que siguiera teniendo en cuenta mi presencia. Cosa que otras personas no hacían, pero esos eran los menos.

Ese mismo día vino a verme la niña y, como siempre, me dedicó una buena tanda de caricias y me dio algo muy bueno para comer. A pesar de su sonrisa noté que ella estaba algo nerviosa e intuí que algo iba a decirme que no me iba a gustar mucho. En un momento paró de acariciarme, me cogió la cara entre sus manos, me miró a los ojos y me dijo que esa misma tarde se iba de Cabo Verde, que se marchaba a estudiar a Portugal, pues su papá vivía allí, y ella quería estudiar en Europa para tener una mejor formación académica. Ella, como casi todos los humanos, me hablaba creyendo que yo no la entendía, salvo Juan, pues él siempre decía:

"Joder, este perro lo entiende todo… y si espabila un poco, hasta podrá hablar… manda huevos". Y se reía.

Yo estaba triste, pero a la vez me alegraba que la niña tuviera una oportunidad de tener una vida mejor, y de poder estudiar lo que ella deseaba. Yo siempre la nombro como la niña, como mi niña, aunque por su edad ya era toda una mujer. Siguiendo su explicación, ella me dijo que quería ser veterinaria, que yo le había despertado la curiosidad y el amor por los animales, y que quería poder curarlos como ella querría haberme podido curar a mí. Mis ojos la miraron con la ternura que aprendí de mi madre y sentí mucho orgullo, el orgullo que merecen personas así.

Entonces ella me miró fijamente, se sorprendió y me dijo:

"Oye, ¿tú me estás entendiendo?... que siiii, ¡¡¡que me entiendes!!! "

Yo asentí con los ojos y ella empezó a reír recordando tantas bobadas o cursiladas que me había dicho durante estos años, aunque para mí nunca fueron así, porque las palabras que desde el cariño se dicen, nunca lo son, por muy infantiles o cursis que parezcan. La niña siguió a mi lado un buen rato más y, cuando ya se le hizo tarde, me dio un fuerte abrazo, besó mi cabeza y se despidió de mí con lágrimas en los ojos. Yo frenaba cualquier gesto de tristeza y no dejaba de mover la cola, pero por dentro me sentí como si volvieran a romperme el corazón. En fin, supongo que su mamá también iba a estar triste por su marcha, pero sé que ambos nos alegrábamos por esa nueva y emocionante etapa en la vida de mi niña.

Y así fue, por la tarde la niña salió de su casa, más guapa que nunca, y ahí estaba un taxi que la esperaba para llevarla hasta el aeropuerto, y un instante antes de subir al coche, me miró y no pudo resistir el impulso de venir corriendo hacia mí. Llegó a mi altura, se arrodilló y me dio el más fuerte abrazo que jamás me habían dado. Me decía a la oreja que iba a volver pronto y que jamás me iba a olvidar. Su mamá la llamó porque se hacía tarde, ella me dio un beso y volvió a alejarse de mí. Creo que nunca me hice a la idea de no volverla a ver cada día, como cuando se iba a la escuela, cuando jugaba con sus amigas o cuando iba de paseo con su mamá, pero el tiempo y la cruda realidad me lo iban a enseñar.

No sé cuantas semanas o meses habían pasado desde que mi niña marchó, pero su ausencia me estaba pesando mucho, y creo que su mamá también sufría, pues ya no salía tan arreglada a pasear, es más, hubo muchos días en los que la veía volver de trabajar y ya no volvía a salir de casa hasta el día siguiente.

Parece ser que, cuando se echa mucho de menos a un ser querido, se vive sin esperanza, cuando se deja de soñar, cuando uno ya no piensa en sí mismo, se deprecia el valor de la propia vida. Está claro que hay que diferenciar entre vivir y existir, y a mí me estaba pareciendo que hacía tiempo que ya solo existía.

En esta triste existencia, muchas veces perdí el apetito, y además de alimentarme lo justo para sobrevivir, solía pasarme muchas más largas horas frente al mar. A diferencia con el tiempo pasado, llegó un momento en que oteaba el horizonte sin esperanza, muchas veces incluso sin saber que buscar en esa lejana línea por donde desaparecieron las personas que más quería. Algunas veces, ya cayendo la noche, se me acercaba Juan para darme unas caricias y dedicarme algunas palabras, yo le contestaba con un ligero movimiento de mi cola y, sobre todo, con la mirada del amigo que se siente querido. Qué gran corazón y cuan agradecido estaba a ese buen hombre. Más tarde se despedía no sin antes dejarme un trozo de carne, que yo saboreaba como si de una golosina se tratara.

Esa mañana, como cada día, por Ciudade Vella iban desfilando grupos de turistas, la mayoría de cierta edad. Se les veía de lejos que eran turistas por su forma tan peculiar de vestir, con esos atuendos más dignos de un safari, que de una visita a este pueblo. Entre eso y que iban haciendo, de manera compulsiva, fotos de cada rincón y cada detalle, como niños, como si jamás hubieran visto nada igual, se notaba de lejos que eran turistas. No entiendo mucho esa costumbre de hacer miles de fotos, que salvo las cuatro que colgarán en sus redes sociales, y otras cuatro más que algún día volverán a ver, las demás jamás verán más la luz. Como dije estaban haciendo fotos, cuando de repente una señora me miró con lástima y dijo a sus compañeros:

"Mirad que perro tan viejo, y encima está cojo, pobrecito, le debe quedar poco tiempo de vida"

¿Poco tiempo de vida?, me habían dedicado algunos desagradables calificativos, pero nadie me dijo nunca que me quedaba poco tiempo de vida. ¿Cómo se puede decir algo así de alguien? .Yo me quedé pensativo y algo confundido, pero enseguida me di cuenta que la señora tuvo algo de razón. No es que me sintiera morir, pero la verdad es que había perdido la ilusión por la vida, había perdido todos mis sueños y mis esperanzas. Y eso se ve, se refleja en tu aspecto, tu mirada y tu forma de andar por el mundo. Yo, que fui tan vital, tan alegre y audaz, estaba siendo consumido por el tipo de depresión del que no sabe qué hacer con su existencia.

Estaba con estos pensamientos cuando reaccioné, me levanté con todas las energías de las que disponía y me sacudí la arena del suelo. Quería demostrar a esa señora, y al resto de ese grupo de turistas, que no me estaba muriendo, que Mestizo era un perro fuerte y vital, que mi minusvalía no me impedía tirar adelante. Entonces la señora y el resto de sus acompañantes, muy sorprendidos y con los ojos muy abiertos, pensaron que yo los había entendido y que les estaba haciendo una demostración de fuerza y coraje. Con paso, más o menos firme, me fui alejando hasta un rincón donde volví a caer agotado de ese gran esfuerzo, fruto de algo de vanidad y, sobre todo, mucho orgullo.

Los días continuaban pasando y no me quitaba de la cabeza la idea de que mi vida se iba agotando. Ya no solo era la apreciación de una turista, sino que yo sentía que mi cuerpo no respondía como debería. Creo que las articulaciones de mis patas estaban al límite de su funcionalidad, y mis músculos ya no tenían la fortaleza de antaño.

Como muchas veces, el dolor de mis extremidades me tenía postrado allá donde superaba mi propia resistencia. Solo me sentía aliviado cuando el oleaje del mar me daba una tregua y, en sus calmadas aguas, podía darme un baño y nadar un poco. En esos momentos no sentía mi peso, cosa que aliviaba mis patas, y estas se movían con soltura y sin dolor alguno. Ya sabía de las bondades del mar, pero ahora descubrí que también es un bálsamo para muchas dolencias, y la sensación de flotar en sus aguas es maravillosa.

Así es, flotar era buenísimo, y ya no digamos bucear en sus profundidades, el sentir la pérdida de gravedad y ver como tu cuerpo "flota" en el fondo del agua. Esa sensación debe ser lo más parecido a la que un bebé siente en el vientre de su madre. Por eso creo que el mar es vida, el mar es riesgo y aventura, el mar es ese amigo tan misterioso como desconocido, ese entorno que tanto nos da, pero al que hay que cuidar y proteger de las acciones que lo puedan perjudicar.

Otro día se iba consumiendo y, como cada noche, Juan se me acerco a darme algo de cenar, antes de volver a su casa. Y yo pensé que era una noche más, pero esta vez me dijo:

"Amigo mío, mañana no voy a volver, tengo algo importante que hacer en mi tierra natal y no te veré en cierto tiempo…joder, te echaré de menos, así que cuídate hasta que vuelva… ".

Anteriormente ya se había ido algunas veces, pero lo malo es que estaba vez no iban a ser un par de semanas, sino una pequeña temporada. No acabe de entender los motivos, pero debieron ser importantes para que él se quisiera ir de aquí. Pocas personas vi que tuvieran tanta pasión por esta tierra, más incluso que los propios nativos de la zona. Me dio unas caricias y me dejó un buen trozo de carne, antes de alejarse refunfuñando un "Manda huevos" y dedicarme una mirada mientras subía en su coche. Arrancó y, como siempre, se alejó de allí sin mirar atrás.

Al igual que otras veces, sabía que iban a pasar días difíciles para mí. La mamá de la niña venía muy poco a verme, estaba triste por su ausencia y eso la tenía ausente de todas las actividades sociales. Por otro lado, como suponía, el personal del restaurante no se iba a percatar de mis problemas, y en mi estado ya no podía desplazarme muy lejos a buscar comida o agua. Así que me dispuse a pasar las penurias de antaño, me preparé para resistir y aguantar hasta el regreso de Juan, aunque eso no me quitara la esperanza de recibir la ayuda de alguien que, viéndome en mi estado, se apiadara de mí. Me siento viejo y solo, y eso hace que mi vida vaya dejando de tener sentido.

Ya habían pasado varios días y, durante algunas noches, tuve un sueño muy extraño, siempre el mismo. Me abordaban imágenes de mis dueños animándome a correr hacía ellos, y yo empezaba a hacerlo desesperadamente, mientras ellos, poco a poco, se iban alejando hasta acabar desapareciendo tras una densa niebla. En ese momento yo me despertaba con el corazón desbocado, mientras mis ojos se clavaban en el horizonte, allá donde el mar se junta con el cielo, y ya no podía volver a conciliar el sueño. Me invadían pensamientos y sentimientos cada vez más fuertes, más dolorosos. Algunas veces me llegué a culpar de no hacer nada más que esperar. Mi mente iba a mil por hora y mis recuerdos se convertían en dolorosas agujas que me herían por todo mi corazón. Realmente pensaba que ya no podía más.

Día a día me recordaba a mi mismo como el Mestizo que había sido, un animal fuerte y sensible, audaz y valiente, cariñoso y obediente, pero todo eso parecía haber desaparecido en mi estado actual. Y no paraba de preguntarme:

¿Durante cuánto tiempo más podrá aguantar mi físico y mi orgullo tanta decadencia?

No lo sé exactamente, pero estaba seguro que eso no iba a ser por mucho tiempo.

Las noches siguieron haciéndose eternas, y los días cada vez más tristes. Entonces, poco tiempo después llego una noche extrañamente calmada, muy clara, bañada con una gran luna llena que lo iluminaba todo con su manto de luz blanca. No había nada de viento, el océano estaba en una calma absoluta, muy poco común, y las estrellas se veían en todo su esplendor. Parecía estar todo bajo un aura misteriosa. Yo levanté mi hocico como oteando el horizonte, como buscando un olor tan familiar como añorado, pero nada, todo seguía igual, así que me erguí sobre mis tres patas, y en ese mismo instante me dije un **"Basta ya"**.

Fue un **"basta ya"** que gritaba con furia dentro de mí, porque ya no iba a soportar en silencio tanta tristeza y la decadencia de mi existencia. No me iba a rendir sin pelear, sin luchar por aquello que deseaba con todas mis fuerzas, con todo mi corazón. ¡¡¡No podía permitírmelo!!! Y empecé a sacar fuerzas de donde ni imaginaba que aun las podía tener.

Así que, alzado sobre mis tres patas, con la cabeza alta, inicié lentamente, pero con paso firme, un camino. El mismo camino que mis dueños iniciaron años atrás cuando se alejaron de mí. Y tras los primeros pasos, sentí el agua del mar en mis pezuñas, a lo que me detuve un instante. En ese momento giré mi cabeza, echando la vista atrás, y pude ver entre las sombras, a varios de mis amigos de cuatro patas, algunos sentados, otros tumbados, y a un anciano que, recostado en unas piedras, estaba contemplando el cielo estrellado y observando lo que yo hacía.

Ahí estaba yo, viendo el resplandor de todos esos ojos clavados fijamente en mí, no sé si era por la curiosidad o porque algo intuían, pero a nadie se le ocurrió hacer un ruido o gesto alguno. Quizá era esa la forma de dar su aprobación o respeto a lo que estaba haciendo. Entonces, levantando con orgullo mi cabeza, la agité dos veces y esa fue mi forma de despedirme de ellos, en silencio, como hacen las cosas los seres que afrontan con valentía sus decisiones.

Acto seguido volví mis ojos hacia el mar, hacia ese lejano horizonte, y dando tres pasos más me dejé deslizar hasta que mi cuerpo entero quedó flotando en el agua. Como en otras ocasiones, el alivio por no cargar mi peso sobre mis patas me dio fuerzas y empecé a nadar, y lo hice siguiendo el camino que mis dueños habían hecho hacía ya tantos años atrás. Camino guiado por la estela que la Luna dibujaba sobre las calmadas aguas del océano. Sentí que ya no estaba soñando, sentí que estaba haciendo lo que mi corazón me dictaba, y que no era otra cosa que intentar, con todas mis fuerzas, volver al lado de mis dueños.

En ese momento regresaron a mí las ganas de vivir, todas las esperanzas, todos los sueños. Y eso me dio más fuerzas, y me animó a seguir nadando hacia esa línea donde el cielo y el mar se unen, allá donde sabía que iba a encontrarme con mis seres queridos. Iba feliz, con mi cola erguida balanceándose de lado a lado, sin dejar de mover mis tres patas bajo el agua, feliz aunque no me hubiera despedido de Juan, feliz a pesar de que no volvería a ver a mi niña y su mamá, pero sabiendo que todos lo entenderían, y que el recuerdo y su cariño me iba a acompañar para siempre.

Estaba dejando atrás mi aventura en Ciudade Vella e iba viendo cómo, poco a poco, sus tenues luces y las siluetas de sus casas desaparecían conforme me alejaba de allí.

Delante de mis ojos solo quedaban la inmensidad del océano y ese camino blanco que la luz de la luna dibujaba en sus aguas. Ese rastro de luz era el que me servía de brújula y me guiaba hacia mi destino. Y, aunque mis músculos no fueran los de antaño, era la fuerza del corazón la que me daba el coraje para avanzar. Y así seguí durante horas, nadando y nadando…

ocaso en la playa de Ciudade Vella

Varios días habían pasado desde la noche en la que Mestizo se aventuró en el océano, días sumidos en la rutina y sin nada especial que mencionar o celebrar. Todo transcurría de forma tediosa, pero esa mañana iba a ser especial. Juan volvió de su viaje y, vaya coincidencia, en el mismo vuelo había regresado la niña que marchó a estudiar a Portugal. También volvían algunos vecinos de sus vacaciones, y por eso había cierto clima de festividad, así que cada cual celebraba, a su manera, el regreso de sus seres queridos.

Durante algunas horas nadie reparo en la ausencia de Mestizo, hasta que fue Juan quien, tras haber organizado el restaurante y haber puesto agua fresca en el cubo donde bebió tantas veces ese perro, se dio cuenta de que no estaba por los alrededores. Le llamó varias veces sin obtener respuesta y pensó que pronto volvería. Poco más tarde apareció por allí la mamá con su hija, dando un paseo como tantas veces hicieron en el pasado. Esta vez la mamá se había arreglado y estaba tan guapa como antes, pues su corazón estaba pletórico de ver lo bonita y feliz que estaba su hija. Se sentía una madre tremendamente orgullosa, porque sabía que su hija estaba aprovechando muy bien sus estudios y, sobre todo, porque volvía a estar a su lado. Ellas también iban buscado a Mestizo y preguntaron a Juan, que no supo que decirles. Fue en ese momento que los tres se empezaron a preocupar y preguntaron a cuantos pudieran saber algo de ese animal.

Juan llevaba un buen rato angustiado y de pronto se le acercó un anciano. Era aquel que vio a Mestizo iniciar la que fue su última aventura, el que sintió lo que sus ojos le decían en el silencio de la noche, y explicó lo sucedido a Juan. Además, el mismo anciano, le dijo que esa noche le perdió en el horizonte y que, desde entonces, no lo volvió a ver más.

Entonces Juan esbozó una pequeña sonrisa mientras que de sus ojos caían dos lágrimas. Agradeció al anciano sus palabras y se fue hacía la orilla del mar. Se detuvo allí, en pie, frente al mar, sin hacer ni decir nada.

Ya habían pasado unos minutos cuando, de repente, notó una mano en su hombro y otra mano cogiéndole su brazo. Eran la mamá con su hija. Se habían enterado de lo sucedido y tuvieron el mismo impulso irresistible que tuvo Juan. En silencio se quedaron allí unos largos minutos más, con los ojos llenos de lágrimas, sin soltarse las manos, en absoluto silencio. Después se miraron fijamente y Juan dijo:

"Ese perro era único y, esté donde esté, ya no va a sufrir más…"

Entonces se dieron un largo abrazo y, poco después, en silencio, cada cual se fue a sus tareas. A los tres les quedo muy claro que Mestizo había dedicado sus últimas fuerzas a alcanzar su sueño y también sabían que jamás volverían a saber de él.

Iban pasando los días, y a pesar de que todos sabemos que la vida sigue, ahí estaba el lugar de la playa donde Mestizo pasó tantos años, ahí aún se podía ver el cubo del agua que Juan dejó para que otros perros saciaran su sed, ahí estaban tantas cosas que no dejaban de recordarnos a ese noble perro.

Un día, después de un fuerte temporal, aparecieron sobre las piedras los restos de un árbol retorcido. Este era blanco, pues carecía de corteza, y tanto tronco como ramas, tenían un aspecto extraño. Visto sin más no era más que eso, un árbol arrastrado por el océano, pero con la llegada del ocaso, si uno usaba un poco la imaginación, y miraba ese tronco desde el restaurante de Juan, al trasluz se podía observar lo que parecía la silueta de un perro recostado sobre las rocas, tal y como Mestizo estuvo durante tantos años y durante tantas y tantas noches, mientras contemplaba el horizonte, mientras soñaba con volver con sus dueños, mientras imaginó una vida mejor de vuelta con su familia, con quienes le abandonaron.

* Tronco que el mar trajo a la misma orilla donde Mestizo pasó tantos años.

Dicen que Mestizo dejó un gran vacío entre las gentes de Ciudade Vella, pero también dio, a los que tuvieron la suerte de conocerlo, una gran lección de valor, superación y amor. Por eso, cuando los amigos de Juan volvieron en su visita anual y descubrieron el destino de este noble animal, uno de ellos no se resistió a contar, con más o menos acierto, la historia de Mestizo.

Porque las historias de los perros que fueron abandonados deberían hacerse públicas por dos motivos, primero para concienciarnos a todos del terrible daño que se ocasiona a un animal abandonado, y segundo para que no se vuelvan a producir tales abandonos. Hemos de luchar para que hechos así queden en el pasado de la historia, y que sean erradicados de una vez por todas.

FIN
GUILLERMO MOYA TORRES